PREFÁCIO

A coleção de frases de viagem "Vai tudo correr bem!" publicada pela T&P Books é concebida para pessoas que vão ao estrangeiro em viagens de turismo e negócios. Os livros de frases contêm o que é mais importante - o essencial para uma comunicação básica. Este é um conjunto indispensável de frases para "sobreviver" no estrangeiro.

Este Guia de Conversação irá ajudá-lo na maioria das situações em que precise de perguntar alguma coisa, obter direções, saber quanto custa algo, etc. Pode também resolver situações de difícil comunicação onde os gestos simplesmente não ajudam.

Este livro contém uma série de frases que foram agrupadas de acordo com os tópicos mais relevantes. A edição também inclui um pequeno vocabulário que contém aproximadamente 3.000 das palavras mais frequentemente usadas. Outra secção do Guia de Conversação fornece um dicionário gastronômico que pode ajudá-lo a pedir comida num restaurante ou comprar alimentos numa loja.

Leve consigo para a estrada o Guia de Conversação "Vai tudo correr bem!" e terá um companheiro de viagem insubstituível, que irá ajudá-lo a encontrar o seu caminho em qualquer situação e ensiná-lo a não recear falar com estrangeiros.

TABELA DE CONTEÚDOS

T&P Books Publishing

Coleção Guias de Conversação
"Vai tudo correr bem!"

T&P Books Publishing

GUIA DE CONVERSAÇÃO
ALEMÃO

Andrey Taranov

AS PALAVRAS E AS FRASES MAIS ÚTEIS

Este guia de conversação contém frases e perguntas comuns essenciais para uma comunicação básica com estrangeiros

T&P BOOKS

Frases + dicionário de 3000 palavras

Guia de Conversação Português-Alemão e vocabulário temático 3000 palavras

Por Andrey Taranov

A coleção de frases de viagem "Vai tudo correr bem!" publicada pela T&P Books é concebida para pessoas que vão ao estrangeiro em viagens de turismo e negócios. Os livros de frases contêm o que é mais importante - o essencial para uma comunicação básica. Este é um conjunto indispensável de frases para "sobreviver" no estrangeiro.

Este livro também inclui um pequeno vocabulário temático que contém aproximadamente 3.000 das palavras mais frequentemente usadas. Outra secção do Guia de Conversação disponibiliza um dicionário gastronômico que pode ajudá-lo a pedir comida num restaurante ou comprar alimentos numa loja.

Editora T&P Books
www.tpbooks.com

ISBN: 978-1-78492-602-1

Este livro também está disponível em formato E-book.
Por favor visite www.tpbooks.com ou as principais livrarias on-line.

PRONÚNCIA

Alfabeto fonético T&P	Exemplo Alemão	Exemplo Português

Vogais

[a]	Blatt	chamar
[ɐ]	Meister	amar
[e]	Melodie	metal
[ɛ]	Herbst	mesquita
[ə]	Leuchte	milagre
[ɔ]	Knopf	emboço
[o]	Operette	lobo
[œ]	Förster	orgulhoso
[ø]	nötig	orgulhoso
[æ]	Los Angeles	semana
[i]	Spiel	sinónimo
[ɪ]	Absicht	sinónimo
[ʊ]	Skulptur	bonita
[u]	Student	bonita
[y]	Pyramide	questionar
[ʏ]	Eukalyptus	questionar

Consoantes

[b]	Bibel	barril
[d]	Dorf	dentista
[f]	Elefant	safári
[ʒ]	Ingenieur	talvez
[dʒ]	Jeans	adjetivo
[j]	Interview	géiser
[g]	August	gosto
[h]	Haare	[h] aspirada
[ç]	glücklich	caixa
[x]	Kochtopf	fricativa uvular surda
[k]	Kaiser	kiwi
[l]	Verlag	libra

Alfabeto fonético T&P	Exemplo Alemão	Exemplo Português
[m]	Messer	magnólia
[n]	Norden	natureza
[ŋ]	Onkel	alcançar
[p]	Gespräch	presente
[r]	Force majeure	riscar
[ʁ]	Kirche	[r] vibrante
[ʀ]	fragen	[r] vibrante
[s]	Fenster	sanita
[t]	Foto	tulipa
[ts]	Gesetz	tsé-tsé
[ʃ]	Anschlag	mês
[tʃ]	Deutsche	Tchau!
[w]	Sweater	página web
[v]	Antwort	fava
[z]	langsam	sésamo

Ditongos

[aɪ]	Speicher	cereais
[ɪa]	Miniatur	Himalaias
[ɪo]	Radio	ioga
[jo]	Illustration	ioga
[ɔɪ]	feucht	moita
[ɪe]	Karriere	folheto

Símbolos adicionais

[']	['aːbə]	acento principal
[ˌ]	['dɛŋkˌmaːl]	acento secundário
[ʔ]	[oˈliːvənˌʔøːl]	oclusiva glotal
[ː]	['myːlə]	som de longa duração
[·]	['ʀaɪzə·byˌʀoː]	ponto mediano

LISTA DE ABREVIATURAS

Abreviaturas do Português

adj	-	adjetivo
adv	-	advérbio
anim.	-	animado
conj.	-	conjunção
desp.	-	desporto
etc.	-	etecetra
ex.	-	por exemplo
f	-	nome feminino
f pl	-	feminino plural
fem.	-	feminino
inanim.	-	inanimado
m	-	nome masculino
m pl	-	masculino plural
m, f	-	masculino, feminino
masc.	-	masculino
mat.	-	matemática
mil.	-	militar
pl	-	plural
prep.	-	preposição
pron.	-	pronome
sb.	-	sobre
sing.	-	singular
v aux	-	verbo auxiliar
vi	-	verbo intransitivo
vi, vt	-	verbo intransitivo, transitivo
vp	-	verbo pronominal
vt	-	verbo transitivo

Abreviaturas do Alemão

f	-	nome feminino
f pl	-	feminino plural
f, n	-	feminino, neutro
m	-	nome masculino
m pl	-	masculino plural
m, f	-	masculino, feminino

m, n	-	masculino, neutro
n	-	neutro
n pl	-	neutro plural
pl	-	plural
v mod	-	verbo modal
vi	-	verbo intransitivo
vi, vt	-	verbo intransitivo, transitivo
vt	-	verbo transitivo

T&P BOOKS

GUIA DE CONVERSAÇÃO ALEMÃO

Esta secção contém frases
importantes que podem vir
a ser úteis em várias
situações da vida real.
O Guia de Conversação irá
ajudá-lo a pedir orientações,
esclarecer um preço,
comprar bilhetes e pedir
comida num restaurante

T&P Books Publishing

CONTEÚDO DO GUIA DE CONVERSAÇÃO

T&P Books Publishing

Desculpe, ...	**Entschuldigen Sie bitte, ...** [ɛnt'ʃʊldɪgən ziː 'bɪtə, ...]
Olá!	**Hallo.** [ha'loː]
Obrigado /Obrigada/.	**Danke.** [daŋkə]
Adeus.	**Auf Wiedersehen.** [aʊf 'viːdeˌzeːən]
Sim.	**Ja.** [jaː]
Não.	**Nein.** [naɪn]
Não sei.	**Ich weiß nicht.** [ɪç vaɪs nɪçt]
Onde? | Para onde? | Quando?	**Wo? | Wohin? | Wann?** [voː? | vo'hɪn? | van?]

Preciso de ...	**Ich brauche ...** [ɪç 'bʀaʊχə ...]
Eu queria ...	**Ich möchte ...** [ɪç 'mœçtə ...]
Tem ...?	**Haben Sie ...?** [haːbən ziː ...?]
Há aqui ...?	**Gibt es hier ...?** [giːpt ɛs hiːɐ ...?]
Posso ...?	**Kann ich ...?** [kan ɪç ...?]
..., por favor	**Bitte** [bɪtə]

Estou à procura ...	**Ich suche ...** [ɪç 'zuːχə ...]
da casa de banho	**Toilette** [toa'lɛtə]
dum Multibanco	**Geldautomat** [gɛlt?aʊtoˌmaːt]
de uma farmácia	**Apotheke** [apo'teːkə]
dum hospital	**Krankenhaus** [kʀaŋkənˌhaʊs]
da esquadra de polícia	**Polizeistation** [poli'tsaɪ·ʃtaˌtsjoːn]
do metro	**U-Bahn** [uːbaːn]

de um táxi	**Taxi** [taksi]
da estação de comboio	**Bahnhof** [baːnˌhoːf]

Chamo-me ...	**Ich heiße ...** [ɪç 'haɪsə ...]
Como se chama?	**Wie heißen Sie?** [viː 'haɪsən ziː?]
Pode-me dar uma ajuda?	**Helfen Sie mir bitte.** [hɛlfən ziː miːɐ 'bɪtə]
Tenho um problema.	**Ich habe ein Problem.** [ɪç 'haːbə aɪn pʀo'bleːm]
Não me sinto bem.	**Mir ist schlecht.** [miːɐ ɪs ʃlɛçt]
Chame a ambulância!	**Rufen Sie einen Krankenwagen!** [ʀuːfən ziː 'aɪnən 'kʀaŋkənˌvaːgən!]
Posso fazer uma chamada?	**Darf ich telefonieren?** [daʁf ɪç telefo'niːʀən?]

Desculpe.	**Entschuldigung.** [ɛnt'ʃʊldɪgʊŋ]
De nada.	**Keine Ursache.** [kaɪnə 'uːɐˌzaχə]

eu	**ich** [ɪç]
tu	**du** [duː]
ele	**er** [eːɐ]
ela	**sie** [ziː]
eles	**sie** [ziː]
elas	**sie** [ziː]
nós	**wir** [viːɐ]
vocês	**ihr** [iːɐ]
você	**Sie** [ziː]

ENTRADA	**EINGANG** [aɪnˌgaŋ]
SAÍDA	**AUSGANG** [aʊsˌgaŋ]
FORA DE SERVIÇO	**AUßER BETRIEB** [ˌaʊsɐ bə'tʀiːp]
FECHADO	**GESCHLOSSEN** [gə'ʃlɔsən]

ABERTO

OFFEN
[ɔfən]

PARA SENHORAS

FÜR DAMEN
[fyːɐ 'damən]

PARA HOMENS

FÜR HERREN
[fyːɐ 'hɛʀən]

Perguntas

Onde?	**Wo?** [vo:?]
Para onde?	**Wohin?** [vo'hɪn?]
De onde?	**Woher?** [vo'heːɐ?]
Porquê?	**Warum?** [va'ʀʊm?]
Porque razão?	**Wozu?** [vo'tsuː?]
Quando?	**Wann?** [van?]

Quanto tempo?	**Wie lange?** [viː 'laŋə?]
A que horas?	**Um wie viel Uhr?** [ʊm viː fiːl uːɐ?]
Quanto?	**Wie viel?** [viː fiːl?]
Tem ...?	**Haben Sie ...?** [haːbən ziː ...?]
Onde fica ...?	**Wo befindet sich ...?** [vo: bə'fɪndət zɪç ...?]

Que horas são?	**Wie spät ist es?** [viː ʃpɛːt ist ɛs?]
Posso fazer uma chamada?	**Darf ich telefonieren?** [daʀf ɪç telefo'niːʀən?]
Quem é?	**Wer ist da?** [veːɐ ist daː?]
Posso fumar aqui?	**Darf ich hier rauchen?** [daʀf ɪç hiːɐ 'ʀaʊχən?]
Posso ...?	**Darf ich ...?** [daʀf ɪç ...?]

Necessidades

Eu gostaria de ...	**Ich hätte gerne ...**
	[ɪç 'hɛtə 'gɛʁnə ...]
Eu não quero ...	**Ich will nicht ...**
	[ɪç vɪl nɪçt ...]
Tenho sede.	**Ich habe Durst.**
	[ɪç 'ha:bə duʁst]
Eu quero dormir.	**Ich möchte schlafen.**
	[ɪç 'mœçtə 'ʃla:fən]

Eu queria ...	**Ich möchte ...**
	[ɪç 'mœçtə ...]
lavar-me	**abwaschen**
	[ap'vaʃən]
escovar os dentes	**meine Zähne putzen**
	[maɪnə 'tsɛ:nə 'pʊtsən]
descansar um pouco	**eine Weile ausruhen**
	[aɪnə 'vaɪlə 'aʊs,ʁu:ən]
trocar de roupa	**meine Kleidung wechseln**
	[maɪnə 'klaɪdʊŋ 'vɛksəln]

voltar ao hotel	**zurück ins Hotel gehen**
	[tsu'ʁʏk ɪns ho'tɛl 'ge:ən]
comprar ...	**... kaufen**
	[... 'kaʊfən]
ir para ...	**... gehen**
	[... 'ge:ən]
visitar ...	**... besuchen**
	[... bə'zuχən]
encontrar-me com ...	**... treffen**
	[... 'tʁɛfən]
fazer uma chamada	**einen Anruf tätigen**
	[aɪnən 'an,ʁu:f 'tɛ:tɪgən]

Estou cansado /cansada/.	**Ich bin müde.**
	[ɪç bɪn 'my:də]
Nós estamos cansados /cansadas/.	**Wir sind müde.**
	[vi:ɐ zɪnt 'my:də]
Tenho frio.	**Mir ist kalt.**
	[mi:ɐ ɪs kalt]
Tenho calor.	**Mir ist heiß.**
	[mi:ɐ ɪs haɪs]
Estou bem.	**Mir passt es.**
	[mi:ɐ past ɛs]

Preciso de telefonar.	**Ich muss telefonieren.** [ɪç mʊs telefoˈniːʀən]
Preciso de ir à casa de banho.	**Ich muss auf die Toilette.** [ɪç mʊs ˈaʊf di toaˈlɛtə]
Tenho de ir.	**Ich muss gehen.** [ɪç mʊs ˈgeːən]
Tenho de ir agora.	**Ich muss jetzt gehen.** [ɪç mʊs jɛtst ˈgeːən]

Perguntando por direções

Desculpe, ...

Entschuldigen Sie bitte, ...
[ɛnt'ʃʊldɪgən zi: 'bɪtə, ...]

Onde fica ...?

Wo befindet sich ...?
[vo: bə'fɪndət zɪç ...?]

Para que lado fica ...?

Welcher Weg ist ...?
[vɛlçɐ ve:k ist ...?]

Pode-me dar uma ajuda?

Könnten Sie mir bitte helfen?
[kœntən zi: mi:ɐ 'bɪtə 'hɛlfən?]

Estou à procura de ...

Ich suche ...
[ɪç 'zu:χə ...]

Estou à procura da saída.

Ich suche den Ausgang.
[ɪç 'zu:χə den 'aʊs͵gaŋ]

Eu vou para ...

Ich fahre nach ...
[ɪç 'fa:ʀə na:χ ...]

Estou a ir bem para ...?

Gehe ich richtig nach ...?
[ge:ə ɪç 'ʀɪçtɪç na:χ ...?]

Fica longe?

Ist es weit?
[ist ɛs vaɪt?]

Posso ir até lá a pé?

Kann ich dort zu Fuß hingehen?
[kan ɪç dɔʀt tsu fu:s 'hɪn͵ge:ən?]

Pode-me mostrar no mapa?

**Können Sie es mir auf
der Karte zeigen?**
[kœnən zi: ɛs mi:ɐ aʊf
de:ɐ 'kaʀtə 'tsaɪgən?]

Mostre-me onde estamos de momento.

Zeigen Sie mir wo wir gerade sind.
[tsaɪgən zi: mi:ɐ vo: vi:ɐ gə'ʀa:də zɪnt]

Aqui

Hier
[hi:ɐ]

Ali

Dort
[dɔʀt]

Por aqui

Hierher
[hi:ɐ'he:ɐ]

Vire à direita.

Biegen Sie rechts ab.
[bi:gən zi: ʀɛçts ap]

Vire à esquerda.

Biegen Sie links ab.
[bi:gən zi: lɪŋks ap]

primeira (segunda, terceira) curva

erste (zweite, dritte) Abzweigung
[ɛʀstə ('tsvaɪtə, 'dʀɪtə) 'ap͵tsvaɪgʊŋ]

para a direita

nach rechts
[na:χ ʀɛçts]

para a esquerda	**nach links** [naːχ lɪŋks]
Vá sempre em frente.	**Laufen Sie geradeaus.** [laʊfən ziː ɡəʀaːdəʔaʊs]

Sinais

BEM-VINDOS!	**HERZLICH WILLKOMMEN!** [hɛʁtslɪç vɪl'kɔmən!]
ENTRADA	**EINGANG** [aɪn͵gaŋ]
SAÍDA	**AUSGANG** [aʊs͵gaŋ]

EMPURRAR	**DRÜCKEN** [dʀʏkən]
PUXAR	**ZIEHEN** [tsi:ən]
ABERTO	**OFFEN** [ɔfən]
FECHADO	**GESCHLOSSEN** [gə'ʃlɔsən]

PARA SENHORAS	**FÜR DAMEN** [fy:ɐ 'damən]
PARA HOMENS	**FÜR HERREN** [fy:ɐ 'hɛʀən]
HOMENS, CAVALHEIROS	**HERREN-WC** [hɛʀən-ve'tse:]
SENHORAS	**DAMEN-WC** [da:mən-ve'tse:]

DESCONTOS	**RABATT | REDUZIERT** [ʀa'bat | ʀedu'tsi:ɐt]
SALDOS	**AUSVERKAUF** [aʊsfɛɐ͵kaʊf]
GRATUITO	**GRATIS** [gʀa:tɪs]
NOVIDADE!	**NEU!** [nɔɪ!]
ATENÇÃO!	**ACHTUNG!** [aχtʊŋ!]

NÃO HÁ VAGAS	**KEINE ZIMMER FREI** [kaɪnə 'tsɪmɐ fʀaɪ]
RESERVADO	**RESERVIERT** [ʀezɛʁ'vi:ɐt]
ADMINISTRAÇÃO	**VERWALTUNG** [fɛɐ'valtʊŋ]
ACESSO RESERVADO	**NUR FÜR PERSONAL** [nu:ɐ fy:ɐ pɛʁzo'na:l]

CUIDADO COM O CÃO

BISSIGER HUND
[bɪsɪgɐ hʊnt]

NÃO FUMAR!

RAUCHEN VERBOTEN
[ʀaʊχən fɛɐ'boːtən]

NÃO MEXER!

NICHT ANFASSEN!
[nɪçt 'anfasən!]

PERIGOSO

GEFÄHRLICH
[gə'fɛːelɪç]

PERIGO

GEFAHR
[gə'faːɐ]

ALTA TENSÃO

HOCHSPANNUNG
[hoːχ.ʃpanʊn]

PROIBIDO NADAR

BADEN VERBOTEN
[baːdən fɛɐ'boːtən]

FORA DE SERVIÇO

AUßER BETRIEB
[ˌaʊsɐ bə'tʀiːp]

INFLAMÁVEL

LEICHTENTZÜNDLICH
[laɪçt?ɛn'tsʏntlɪç]

PROIBIDO

VERBOTEN
[fɛɐ'boːtən]

PASSAGEM PROIBIDA

DURCHGANG VERBOTEN
[dʊʀçˌgan fɛɐ'boːtən]

PINTADO DE FRESCO

FRISCH GESTRICHEN
[fʀɪʃ gə'ʃtʀɪçən]

FECHADO PARA OBRAS

WEGEN RENOVIERUNG GESCHLOSSEN
[veːgən ʀeno'viːʀʊn gə'ʃlosən]

TRABALHOS NA VIA

ACHTUNG BAUARBEITEN
[aχtʊn 'baʊ?aʀˌbaɪtən]

DESVIO

UMLEITUNG
[ʊmˌlaɪtʊn]

Transportes. Frases gerais

avião	**Flugzeug** [fluːkˌtsɔɪk]
comboio	**Zug** [tsuːk]
autocarro	**Bus** [bʊs]
ferri	**Fähre** [fɛːʀə]
táxi	**Taxi** [taksi]
carro	**Auto** [aʊto]

horário	**Zeitplan** [tsaɪtˌplaːn]
Onde posso ver o horário?	**Wo kann ich den Zeitplan sehen?** [voː kan ɪç den 'tsaɪtˌplaːn 'zeːən?]
dias de trabalho	**Arbeitstage** [aʀbaɪtsˌtaːgə]
fins de semana	**Wochenenden** [vɔχənˌʔɛndən]
férias	**Ferien** [feːʀɪən]

PARTIDA	**ABFLUG** [apfluːk]
CHEGADA	**ANKUNFT** [ankʊnft]
ATRASADO	**VERSPÄTET** [fɛɐ'ʃpɛːtət]
CANCELADO	**GESTRICHEN** [gə'ʃtʀɪçən]

próximo (comboio, etc.)	**nächster** [nɛːçstɐ]
primeiro	**erster** [eːɐstɐ]
último	**letzter** [lɛtstɐ]

Quando é o próximo ...?	**Wann kommt der nächste ...?** [van kɔmt deːɐ 'nɛːçstə ...?]
Quando é o primeiro ...?	**Wann kommt der erste ...?** [van kɔmt deːɐ 'ɛʀstə ...?]

Quando é o último ...?

Wann kommt der letzte ...?
[van kɔmt deːɐ 'lɛtstə ...?]

transbordo

Transfer
[tʀansˈfeːɐ]

fazer o transbordo

einen Transfer machen
[aɪnən tʀansˈfeːɐ 'maxən]

Preciso de fazer o transbordo?

Muss ich einen Transfer machen?
[mʊs ɪç 'aɪnən tʀansˈfeːɐ 'maxən?]

Comprando bilhetes

Onde posso comprar bilhetes?	**Wo kann ich Fahrkarten kaufen?** [vo: kan ıç 'faːɐ̯ˌkaʁtən 'kaʊfən?]
bilhete	**Fahrkarte** [faːɐ̯ˌkaʁtə]
comprar um bilhete	**Eine Fahrkarte kaufen** [aɪnə 'faːɐ̯ˌkaʁtə 'kaʊfən]
preço do bilhete	**Fahrpreis** [faːɐ̯ˌpʀaɪs]
Para onde?	**Wohin?** [vo'hɪn?]
Para que estação?	**Welche Station?** [vɛlçə ʃta'tsjoːn?]
Preciso de ...	**Ich brauche ...** [ıç 'bʀaʊχə ...]
um bilhete	**eine Fahrkarte** [aɪnə 'faːɐ̯ˌkaʁtə]
dois bilhetes	**zwei Fahrkarten** [tsvaɪ 'faːɐ̯ˌkaʁtən]
três bilhetes	**drei Fahrkarten** [dʀaɪ 'faːɐ̯ˌkaʁtən]
só de ida	**in eine Richtung** [ın 'aɪnə 'ʀıçtʊŋ]
de ida e volta	**hin und zurück** [hın ʊnt tsu'ʀʏk]
primeira classe	**erste Klasse** [ɛʁstə 'klasə]
segunda classe	**zweite Klasse** [tsvaɪtə 'klasə]
hoje	**heute** [hɔɪtə]
amanhã	**morgen** [mɔʁgən]
depois de amanhã	**übermorgen** [yːbɐˌmɔʁgən]
de manhã	**am Vormittag** [am 'foːɐ̯mıtaːk]
à tarde	**am Nachmittag** [am 'naːχmıˌtaːk]
ao fim da tarde	**am Abend** [am 'aːbənt]

lugar de corredor	**Gangplatz** [gaŋˌplats]
lugar à janela	**Fensterplatz** [fɛnstɐˌplats]
Quanto?	**Wie viel?** [vi: fi:l?]
Posso pagar com cartão de crédito?	**Kann ich mit Karte zahlen?** [kan ɪç mɪt ˈkaʁtə ˈtsaːlən?]

Autocarro

autocarro	**Bus** [bʊs]
camioneta (autocarro interurbano)	**Fernbus** [fɛʁnbʊs]
paragem de autocarro	**Bushaltestelle** [bʊshaltəʃtɛlə]
Onde é a paragem de autocarro mais perto?	**Wo ist die nächste Bushaltestelle?** [vo: ist di 'nɛ:çstə 'bʊshaltəʃtɛlə?]
número	**Nummer** [nʊmɐ]
Qual o autocarro que apanho para ...?	**Welchen Bus nehme ich um nach ... zu kommen?** [vɛlçən bʊs 'ne:mə ɪç ʊm na:χ ... tsu 'kɔmən?]
Este autocarro vai até ...?	**Fährt dieser Bus nach ...?** [fɛ:ɐt 'di:zɐ bʊs na:χ ...?]
Com que frequência passam os autocarros?	**Wie oft fahren die Busse?** [vi: ɔft 'fa:ʁən di 'bʊsə?]
de 15 em 15 minutos	**alle fünfzehn Minuten** [alə 'fʏnftse:n mi'nu:tən]
de meia em meia hora	**jede halbe Stunde** [je:də 'halbə 'ʃtʊndə]
de hora a hora	**jede Stunde** [je:də 'ʃtʊndə]
várias vezes ao dia	**mehrmals täglich** [me:ɐma:ls 'tɛ:klɪç]
... vezes ao dia	**... Mal am Tag** [... mal am ta:k]
horário	**Zeitplan** [tsaɪt̩pla:n]
Onde posso ver o horário?	**Wo kann ich den Zeitplan sehen?** [vo: kan ɪç den 'tsaɪt̩pla:n 'ze:ən?]
Quando é o próximo autocarro?	**Wann kommt der nächste Bus?** [van kɔmt de:ɐ 'nɛ:çstə bʊs?]
Quando é o primeiro autocarro?	**Wann kommt der erste Bus?** [van kɔmt de:ɐ 'ɛʁstə bʊs?]
Quando é o último autocarro?	**Wann kommt der letzte Bus?** [van kɔmt de:ɐ 'lɛtstə bʊs?]

paragem	**Halt**
	[halt]
próxima paragem	**nächster Halt**
	[nɛːçstə halt]
última paragem	**letzter Halt**
	[lɛtstə halt]
Pare aqui, por favor.	**Halten Sie hier bitte an.**
	[haltən ziː hiːɐ 'bɪtə an]
Desculpe, esta é a minha paragem.	**Entschuldigen Sie mich, dies ist meine Haltestelle.**
	[ɛntˈʃʊldɪgən ziː mɪç, diːs ist maɪnə 'haltəˌʃtɛlə]

Comboio

comboio	**Zug** [tsuːk]
comboio sub-urbano	**S-Bahn** [ɛsˌbaːn]
comboio de longa distância	**Fernzug** [fɛʁnˌtsuːk]
estação de comboio	**Bahnhof** [baːnˌhoːf]
Desculpe, onde fica a saída para a plataforma?	**Entschuldigen Sie bitte,** **wo ist der Ausgang zum Bahngleis?** [ɛntˈʃʊldɪgən ziː ˈbɪtə, voː ist deːɐ ˈaʊsgaŋ tsʊm ˈbaːnˌglaɪs?]
Este comboio vai até ...?	**Fährt dieser Zug nach ...?** [fɛːɐt ˈdiːzɐ tsuːk naːχ ...?]
o próximo comboio	**nächster Zug** [nɛːçstɐ tsuːk]
Quando é o próximo comboio?	**Wann kommt der nächste Zug?** [van kɔmt deːɐ ˈnɛːçstə tsuːk?]
Onde posso ver o horário?	**Wo kann ich den Zeitplan sehen?** [voː kan ɪç den ˈtsaɪtˌplaːn ˈzeːən?]
Apartir de que plataforma?	**Von welchem Bahngleis?** [fɔn ˈvɛlçəm ˈbaːnˌglaɪs?]
Quando é que o comboio chega a ...?	**Wann kommt der Zug in ... an?** [van kɔmt deːɐ tsuːk ɪn ... an?]
Ajude-me, por favor.	**Helfen Sie mir bitte.** [hɛlfən ziː miːɐ ˈbɪtə]
Estou à procura do meu lugar.	**Ich suche meinen Platz.** [ɪç ˈzuːχə ˈmaɪnən plats]
Nós estamos à procura dos nossos lugares.	**Wir suchen unsere Plätze.** [viːɐ ˈzuːχən ˈʊnzərə ˈplɛtsə]
O meu lugar está ocupado.	**Unser Platz ist besetzt.** [ʊnzɐ plats ist bəˈzɛtst]
Os nossos lugares estão ocupados.	**Unsere Plätze sind besetzt.** [ʊnzərə ˈplɛtsə zɪnt bəˈzɛtst]
Peço desculpa mas este é o meu lugar.	**Entschuldigen Sie,** **aber das ist mein Platz.** [ɛntˈʃʊldɪgən ziː, ˈaːbɐ das ist maɪn plats]

Este lugar está ocupado?

Posso sentar-me aqui?

Ist der Platz frei?
[ist deːɐ plats fʀaɪ?]

Darf ich mich hier setzen?
[daʁf ɪç mɪç hiːɐ 'zɛtsən?]

No comboio. Diálogo (Sem bilhete)

Bilhete, por favor.

Fahrkarte bitte.
[faːɐ̯ˌkaʁtə bɪtə]

Não tenho bilhete.

Ich habe keine Fahrkarte.
[ɪç ˈhaːbə kaɪnə ˈfaːɐ̯ˌkaʁtə]

Perdi o meu bilhete.

Ich habe meine Fahrkarte verloren.
[ɪç ˈhaːbə maɪnə ˈfaːɐ̯ˌkaʁtə fɛɐ̯ˈloːʁən]

Esqueci-me do bilhete em casa.

**Ich habe meine Fahrkarte
zuhause vergessen.**
[ɪç ˈhaːbə maɪnə ˈfaːɐ̯ˌkaʁtə
tsuˈhaʊzə fɛɐ̯ˈgɛsən]

Pode comprar um bilhete a mim.

**Sie können von mir
eine Fahrkarte kaufen.**
[ziː ˈkœnən fɔn miːɐ̯
ˈaɪnə ˈfaːɐ̯ˌkaʁtə ˈkaʊfən]

Terá também de pagar uma multa.

Sie werden auch eine Strafe zahlen.
[ziː ˈveːɐ̯dən aʊχ ˈaɪnə ˈʃtraːfə ˈtsaːlən]

Está bem.

Gut.
[guːt]

Onde vai?

Wohin fahren Sie?
[voˈhɪn ˈfaːʁən ziː?]

Eu vou para ...

Ich fahre nach ...
[ɪç ˈfaːʁə naːχ ...]

Quanto é? Eu não entendo.

Wie viel? Ich verstehe nicht.
[viː fiːl? ɪç fɛɐ̯ˈʃteːə nɪçt]

Escreva, por favor.

Schreiben Sie es bitte auf.
[ʃʁaɪbən ziː ɛs ˈbɪtə aʊf]

Está bem. Posso pagar
com cartão de crédito?

Gut. Kann ich mit Karte zahlen?
[guːt. kan ɪç mɪt ˈkaʁtə ˈtsaːlən?]

Sim, pode.

Ja, das können Sie.
[jaː, das ˈkœnən ziː]

Aqui tem a sua fatura.

Hier ist ihre Quittung.
[hiːɐ̯ ist ˈiːʁə ˈkvɪtʊŋ]

Desculpe pela multa.

Tut mir leid wegen der Strafe.
[tuːt miːɐ̯ laɪt ˈveːgən deːɐ̯ ˈʃtraːfə]

Não tem mal. A culpa foi minha.

**Das ist in Ordnung.
Es ist meine Schuld.**
[das is ɪn ˈɔʁdnʊŋ.
ɛs ist ˈmaɪnə ʃʊlt]

Desfrute da sua viagem.

Genießen Sie Ihre Fahrt.
[gəˈniːsən ziː ˈiːʁə faːɐ̯t]

Taxi

táxi	**Taxi** [taksi]
taxista	**Taxifahrer** [taksi‚faːʀɐ]
apanhar um táxi	**Ein Taxi nehmen** [aɪn 'taksi 'neːmən]
paragem de táxis	**Taxistand** [taksi‚ʃtant]
Onde posso apanhar um táxi?	**Wo kann ich ein Taxi bekommen?** [voː kan ɪç aɪn 'taksi be'kɔmən?]

chamar um táxi	**Ein Taxi rufen** [aɪn 'taksi 'ʀuːfən]
Preciso de um táxi.	**Ich brauche ein Taxi.** [ɪç 'bʀaʊχə aɪn 'taksi]
Agora.	**Jetzt sofort.** [jɛtst zo'fɔʁt]
Qual é a sua morada?	**Wie ist Ihre Adresse?** [vi ist 'iːʀə a'dʀɛsə?]
A minha morada é …	**Meine Adresse ist …** [maɪnə a'dʀɛsə ist …]
Qual o seu destino?	**Ihr Ziel?** [iːɐ tsiːl?]
Desculpe, …	**Entschuldigen Sie bitte, …** [ɛnt'ʃuldɪgən ziː 'bɪtə, …]
Está livre?	**Sind Sie frei?** [zɪnt ziː fʀaɪ?]
Em quanto fica a corrida até …?	**Was kostet die Fahrt nach …?** [vas 'koːstət di faːɐt naχ …?]
Sabe onde é?	**Wissen Sie wo es ist?** [vɪsən ziː voː ɛs 'ist?]

Para o aeroporto, por favor.	**Flughafen, bitte.** [fluːk‚haːfən, 'bɪtə]
Pare aqui, por favor.	**Halten Sie hier bitte an.** [haltən ziː hiːɐ 'bɪtə an]
Não é aqui.	**Das ist nicht hier.** [das is nɪçt hiːɐ]
Esta morada está errada. (Não é aqui)	**Das ist die falsche Adresse.** [das is diː 'falʃə a'dʀɛsə]
Vire à esquerda.	**nach links** [naːχ lɪŋks]
Vire à direita.	**nach rechts** [naːχ ʀɛçts]

Quanto lhe devo?

Was schulde ich Ihnen?
[vas 'ʃʊldə ɪç 'iːnən?]

Queria fatura, por favor.

**Ich würde gerne
ein Quittung haben, bitte.**
[ɪç 'vʁʁdə 'gɛʁnə
aɪn 'kvɪtʊŋ 'haːbən, 'bɪtə]

Fique com o troco.

Stimmt so.
[ʃtɪmt zoː]

Espere por mim, por favor.

Warten Sie auf mich bitte.
[vaʁtən ziː 'aʊf mɪç 'bɪtə]

5 minutos

fünf Minuten
[fʏnf miˈnuːtən]

10 minutos

zehn Minuten
[tseːn miˈnuːtən]

15 minutos

fünfzehn Minuten
[fʏnftseːn miˈnuːtən]

20 minutos

zwanzig Minuten
[tsvantsɪç miˈnuːtən]

meia hora

eine halbe Stunde
[aɪnə 'halbə 'ʃtʊndə]

Hotel

Olá!	**Guten Tag.** [ˌgutən ˈtaːk]
Chamo-me ...	**Mein Name ist ...** [maɪn ˈnaːmə ist ...]
Tenho uma reserva.	**Ich habe eine Reservierung.** [ɪç ˈhaːbɛ ˈaɪnə ʀɛzɛʁˈviːʀʊn]
Preciso de ...	**Ich brauche ...** [ɪç ˈbʀaʊxə ...]
um quarto de solteiro	**ein Einzelzimmer** [aɪn ˈaɪntsəlˌtsɪmɐ]
um quarto de casal	**ein Doppelzimmer** [aɪn ˈdɔpəlˌtsɪmɐ]
Quanto é?	**Wie viel kostet das?** [viː fiːl ˈkɔstət das?]
Está um pouco caro.	**Das ist ein bisschen teuer.** [das is aɪn ˈbɪsçən ˈtɔɪɐ]
Não tem outras opções?	**Haben Sie sonst noch etwas?** [haːbən ziː zɔnst nɔχ ˈɛtvas?]
Eu fico com ele.	**Ich nehme es.** [ɪç ˈneːmə ɛs]
Eu pago em dinheiro.	**Ich zahle bar.** [ɪç ˈtsaːlə baːɐ]
Tenho um problema.	**Ich habe ein Problem.** [ɪç ˈhaːbə aɪn pʀoˈbleːm]
O meu ... está partido /A minha ... está partida/.	**... ist kaputt.** [... ɪst kaˈpʊt]
O meu ... está avariado /A minha ... está avariada/.	**... ist außer Betrieb.** [... ɪst ˈaʊsɐ bəˈtʀiːp]
televisor	**Mein Fernseher** [maɪn ˈfɛʁnˌzeːɐ]
ar condicionado	**Meine Klimaanlage** [maɪnə ˈkliːmaˌʔanlaːɡə]
torneira	**Mein Wasserhahn** [maɪn ˈvasɐˌhaːn]
duche	**Meine Dusche** [maɪnə ˈduːʃə]
lavatório	**Mein Waschbecken** [maɪn ˈvaʃˌbɛkən]
cofre	**Mein Tresor** [maɪn tʀeˈzoːɐ]

fechadura	**Mein Türschloss** [maɪn ˈtyːʁʃlɔs]
tomada elétrica	**Meine Steckdose** [maɪnə ˈʃtɛkˌdoːzə]
secador de cabelo	**Mein Föhn** [maɪn føːn]

Não tenho …	**Ich habe kein …** [ɪç ˈhaːbə kaɪn …]
água	**Wasser** [vasɐ]
luz	**Licht** [lɪçt]
eletricidade	**Strom** [ʃtʁoːm]

Pode dar-me …?	**Können Sie mir … geben?** [kœnən ziː miːɐ … ˈgeːbən?]
uma toalha	**ein Handtuch** [aɪn ˈhantˌtuːχ]
um cobertor	**eine Decke** [aɪnə ˈdɛkə]
uns chinelos	**Hausschuhe** [haʊsʃuːə]
um roupão	**einen Bademantel** [aɪnən ˈbaːdəˌmantəl]
algum champô	**etwas Shampoo** [ɛtvas ˈʃampu]
algum sabonete	**etwas Seife** [ɛtvas ˈzaɪfə]

Gostaria de trocar de quartos.	**Ich möchte ein anderes Zimmer haben.** [ɪç ˈmœçtə aɪn ˈandəʁəs ˈtsɪmɐ ˈhaːbən]
Não consigo encontrar a minha chave.	**Ich kann meinen Schlüssel nicht finden.** [ɪç kan ˈmaɪnən ˈʃlʏsəl nɪçt ˈfɪndən]
Abra-me o quarto, por favor.	**Machen Sie bitte meine Tür auf.** [ˈmaχən ziː ˈbɪtə ˈmaɪnə tyːɐ ˈaʊf]
Quem é?	**Wer ist da?** [veːɐ ist daː?]
Entre!	**Kommen Sie rein!** [kɔmən ziː ʁaɪn!]
Um minuto!	**Einen Moment bitte!** [aɪnən moˈmɛnt ˈbɪtə!]
Agora não, por favor.	**Nicht jetzt bitte.** [nɪçt jɛtst ˈbɪtə]

Venha ao meu quarto, por favor.	**Kommen Sie bitte in mein Zimmer.** [kɔmən zi: 'bɪtə ɪn maɪn 'tsɪmɐ]
Gostaria de encomendar comida.	**Ich würde gerne Essen bestellen.** [ɪç 'vʏʁdə 'gɛʁnə 'ɛsən bə'ʃtɛlən]
O número do meu quarto é ...	**Meine Zimmernummer ist ...** [maɪnə 'tsɪmɐˌnʊmɐ ist ...]

Estou de saída ...	**Ich reise ... ab.** [ɪç 'ʁaɪzə ... ap]
Estamos de saída ...	**Wir reisen ... ab.** [viːɐ 'ʁaɪzən ... ap]
agora	**jetzt** [jɛtst]
esta tarde	**diesen Nachmittag** [diːzən 'naːxmɪˌtaːk]
hoje à noite	**heute Abend** [hɔɪtə 'aːbənt]
amanhã	**morgen** [mɔʁgən]
amanhã de manhã	**morgen früh** [mɔʁgən fʁyː]
amanhã ao fim da tarde	**morgen Abend** [mɔʁgən 'aːbənt]
depois de amanhã	**übermorgen** [yːbɐˌmɔʁgən]

Gostaria de pagar.	**Ich möchte die Zimmerrechnung begleichen.** [ɪç 'mœçtə di 'tsɪmɐˌʁɛçnʊŋ bə'glaɪçən]
Estava tudo maravilhoso.	**Alles war wunderbar.** [aləs vaːɐ 'vʊndɐbaːɐ]
Onde posso apanhar um táxi?	**Wo kann ich ein Taxi bekommen?** [voː kan ɪç aɪn 'taksi be'kɔmən?]
Pode me chamar um táxi, por favor?	**Würden Sie bitte ein Taxi für mich holen?** [vʏʁdən zi: 'bɪtə aɪn 'taksi fyːɐ mɪç 'hoːlən?]

Restaurante

Posso ver o menu, por favor?

Könnte ich die Speisekarte sehen bitte?
[kœntə ɪç di 'ʃpaɪzə͵kaʁtə 'zeːən 'bɪtə?]

Mesa para um.

Tisch für einen.
[tɪʃ fyːɐ 'aɪnən]

Somos dois (três, quatro).

Wir sind zu zweit (dritt, viert).
[viːɐ zɪnt tsu tsvaɪt (dʁɪt, fiːɐt)]

Para fumadores

Raucher
[ʁaʊχɐ]

Para não fumadores

Nichtraucher
[nɪçt͵ʁaʊχɐ]

Por favor!

Entschuldigen Sie mich!
[ɛnt'ʃʊldɪgən ziː mɪç!]

menu

Speisekarte
[ʃpaɪzə͵kaʁtə]

lista de vinhos

Weinkarte
[vaɪn͵kaʁtə]

O menu, por favor.

Die Speisekarte bitte.
[di 'ʃpaɪzə͵kaʁtə 'bɪtə]

Já escolheu?

Sind Sie bereit zum bestellen?
[zɪnt ziː bə'ʁaɪt tsʊm bə'ʃtɛlən?]

O que vai tomar?

Was würden Sie gerne haben?
[vas 'vʏʁdən ziː 'gɛʁnə 'haːbən?]

Eu quero …

Ich möchte …
[ɪç 'mœçtə …]

Eu sou vegetariano.

Ich bin Vegetarier /Vegetarierin/.
[ɪç bɪn vege'taːʁɪɐ /vege'taːʁɪɐʁɪn/]

carne

Fleisch
[flaɪʃ]

peixe

Fisch
[fɪʃ]

vegetais

Gemüse
[gə'myːzə]

Tem pratos vegetarianos?

Haben Sie vegetarisches Essen?
[haːbən ziː vege'taːʁɪʃəs 'ɛsən?]

Não como porco.

Ich esse kein Schweinefleisch.
[ɪç 'ɛsə kaɪn 'ʃvaɪnə͵flaɪʃ]

Ele /ela/ não come porco.

Er /Sie/ isst kein Fleisch.
[eːɐ /ziː/ ist kaɪn flaɪʃ]

Sou alérgico a …

Ich bin allergisch auf …
[ɪç bɪn a'lɛʁgɪʃ aʊf …]

Por favor, pode trazer-me ...? **Könnten Sie mir bitte ... bringen.**
[kœntən zi: miːɐ 'bɪtə ... 'bʀɪŋən]

sal | pimenta | açucar **Salz | Pfeffer | Zucker**
[zalts | 'pfɛfɐ | 'tsʊkɐ]

café | chá | sobremesa **Kaffee | Tee | Nachtisch**
[kafe | teː | 'naːχˌtɪʃ]

água | com gás | sem gás **Wasser | Sprudel | stilles**
[vasɐ | 'ʃpʀuːdəl | 'ʃtɪləs]

uma colher | um garfo | uma faca **einen Löffel | eine Gabel |**
ein Messer
[aɪnən 'lœfəl | 'aɪnə 'gabəl |
aɪn 'mɛsɐ]

um prato | um guardanapo **einen Teller | eine Serviette**
[aɪnən 'tɛlɐ | 'aɪnə zɛʁ'vɪɛtə]

Bom apetite! **Guten Appetit!**
[ˌgutən ˌʔapə'tit!]

Mais um, por favor. **Noch einen bitte.**
[nɔχ 'aɪnən 'bɪtə]

Estava delicioso. **Es war sehr lecker.**
[ɛs vaːɐ zeːɐ 'lɛkɐ]

---

conta | troco | gorjeta **Scheck | Wechselgeld | Trinkgeld**
[ʃɛk | 'vɛksəlˌgɛlt | 'tʀɪŋkˌgɛlt]

A conta, por favor. **Zahlen bitte.**
[tsaːlən 'bɪtə]

Posso pagar com cartão de crédito? **Kann ich mit Karte zahlen?**
[kan ɪç mɪt 'kaʁtə 'tsaːlən?]

Desculpe, mas tem um erro aqui. **Entschuldigen Sie, hier ist ein Fehler.**
[ɛnt'ʃʊldɪgən ziː, hiːɐ ist aɪn 'feːlɐ]

Centro Comercial

Posso ajudá-lo?	**Kann ich Ihnen behilflich sein?** [kan ɪç 'i:nən bə'hɪlflɪç zaɪn?]
Tem ...?	**Haben Sie ...?** [ha:bən zi: ...?]
Estou à procura de ...	**Ich suche ...** [ɪç 'zu:χə ...]
Preciso de ...	**Ich brauche ...** [ɪç 'bʁaʊχə ...]
Estou só a ver.	**Ich möchte nur schauen.** [ɪç 'mœçtə nu:ɐ 'ʃaʊən]
Estamos só a ver.	**Wir möchten nur schauen.** [vi:ɐ 'mœçtən nu:ɐ 'ʃaʊən]
Volto mais tarde.	**Ich komme später noch einmal zurück.** [ɪç 'kɔmə 'ʃpɛ:tɐ nɔχ 'aɪnma:l tsu'ʁʏk]
Voltamos mais tarde.	**Wir kommen später vorbei.** [vi:ɐ 'kɔmən 'ʃpɛ:tɐ fo:ɐ'baɪ]
descontos | saldos	**Rabatt | Ausverkauf** [ʁa'bat | 'aʊsfɛɐ̯ˌkaʊf]
Mostre-me, por favor ...	**Zeigen Sie mir bitte ...** [tsaɪgən zi: mi:ɐ 'bɪtə ...]
Dê-me, por favor ...	**Geben Sie mir bitte ...** [ge:bən zi: mi:ɐ 'bɪtə ...]
Posso experimentar?	**Kann ich es anprobieren?** [kan ɪç ɛs 'anpʁoˌbi:ʁən?]
Desculpe, onde fica a cabine de prova?	**Entschuldigen Sie bitte, wo ist die Anprobe?** [ɛnt'ʃʊldɪgən zi: 'bɪtə, vo: ist di 'anpʁo:bə?]
Que cor prefere?	**Welche Farbe mögen Sie?** [vɛlçə 'faʁbə 'møgən zi:?]
tamanho | cvomprimento	**Größe | Länge** [gʁø:sə | 'lɛŋə]
Como lhe fica?	**Wie sitzt es?** [vi: zɪtst ɛs?]
Quanto é que isto custa?	**Was kostet das?** [vas 'ko:stət das?]
É muito caro.	**Das ist zu teuer.** [das is tsu 'tɔɪɐ]

Eu fico com ele.

Ich nehme es.
[ɪç 'neːmə ɛs]

Desculpe, onde fica a caixa?

Entschuldigen Sie bitte,
wo ist die Kasse?
[ɛnt'ʃʊldɪgən ziː 'bɪtə,
voː ist di 'kasə?]

Vai pagar a dinheiro ou com cartão
de crédito?

Zahlen Sie Bar oder mit Karte?
[tsaːlən ziː baːɐ 'oːdɐ mɪt 'kaʁtə?]

A dinheiro | com cartão de crédito

in Bar | mit Karte
[ɪn baːɐ | mɪt 'kaʁtə]

Pretende fatura?

Brauchen Sie die Quittung?
[bʁaʊχən ziː di 'kvɪtʊŋ?]

Sim, por favor.

Ja, bitte.
[jaː, 'bɪtə]

Não. Está bem!

Nein, es ist ok.
[naɪn, ɛs ist o'keː]

Obrigado /Obrigada/.
Tenha um bom dia!

Danke. Einen schönen Tag noch!
[daŋkə. 'aɪnən 'ʃøːnən 'tak nɔχ!]

Na cidade

Desculpe, por favor …	**Entschuldigen Sie bitte, …** [ɛntˈʃʊldɪgən zi: ˈbɪtə, …]
Estou à procura …	**Ich suche …** [ɪç ˈzu:χə …]
do metro	**die U-Bahn** [di ˈu:ba:n]
do meu hotel	**mein Hotel** [maɪn hoˈtɛl]
do cinema	**das Kino** [das ˈki:no]
da praça de táxis	**den Taxistand** [den ˈtaksiˌʃtant]
do multibanco	**einen Geldautomat** [aɪnən ˈgɛltʔaʊtoˌma:t]
de uma casa de câmbio	**eine Wechselstube** [aɪnə ˈvɛksəlˌʃtu:bə]
de um café internet	**ein Internetcafé** [aɪn ˈɪntɛnɛt·kaˌfe:]
da rua …	**die … -Straße** [di … ˈʃtʀa:sə]
deste lugar	**diesen Ort** [di:zən ɔʁt]
Sabe dizer-me onde fica …?	**Wissen Sie, wo … ist?** [vɪsən zi:, vo: … ˈist?]
Como se chama esta rua?	**Wie heißt diese Straße?** [vi: haɪst ˈdi:zə ˈʃtʀa:sə?]
Mostre-me onde estamos de momento.	**Zeigen Sie mir wo wir gerade sind.** [tsaɪgən zi: mi:ɐ vo: vi:ɐ gəˈʀa:də zɪnt]
Posso ir até lá a pé?	**Kann ich dort zu Fuß hingehen?** [kan ɪç dɔʁt tsu fu:s ˈhɪnˌgeːən?]
Tem algum mapa da cidade?	**Haben Sie einen Stadtplan?** [ha:bən zi: ˈaɪnən ˈʃtatˌpla:n?]
Quanto custa a entrada?	**Was kostet eine Eintrittskarte?** [vas ˈko:stət ˈaɪnə ˈaɪntʀɪtsˌkaʁtə?]
Pode-se fotografar aqui?	**Darf man hier fotografieren?** [daʁf man hi:ɐ fotogʀaˈfi:ʀən?]
Estão abertos?	**Haben Sie offen?** [ha:bən zi: ˈɔfən?]

A que horas abrem?

Wann öffnen Sie?
[van 'œfnən zi:?]

A que horas fecham?

Wann schließen Sie?
[van 'ʃli:sən zi:?]

Dinheiro

dinheiro	**Geld** [gɛlt]
a dinheiro	**Bargeld** [baːɐ̯ˌgɛlt]
dinheiro de papel	**Papiergeld** [paˈpiːɐ̯ˌgɛlt]
troco	**Kleingeld** [klaɪnˌgɛlt]
conta | troco | gorjeta	**Scheck | Wechselgeld | Trinkgeld** [ʃɛk | ˈvɛksəlˌgɛlt | ˈtʁɪŋkˌgɛlt]
cartão de crédito	**Kreditkarte** [kʁeˈdiːtˌkaʁtə]
carteira	**Geldbeutel** [gɛltˌbɔɪtəl]
comprar	**kaufen** [kaʊfən]
pagar	**zahlen** [tsaːlən]
multa	**Strafe** [ʃtʁaːfə]
gratuito	**kostenlos** [kɔstənloːs]
Onde é que posso comprar ...?	**Wo kann ich ... kaufen?** [voː kan ɪç ... ˈkaʊfən?]
O banco está aberto agora?	**Ist die Bank jetzt offen?** [ist di baŋk jɛtst ˈɔfən?]
Quando abre?	**Wann öffnet sie?** [van ˈœfnət ziː?]
Quando fecha?	**Wann schließt sie?** [van ʃliːst ziː?]
Quanto?	**Wie viel?** [viː fiːl?]
Quanto custa isto?	**Was kostet das?** [vas ˈkoːstət das?]
É muito caro.	**Das ist zu teuer.** [das is tsu ˈtɔɪɐ]
Desculpe, onde fica a caixa?	**Entschuldigen Sie bitte, wo ist die Kasse?** [ɛntˈʃuldɪgən ziː ˈbɪtə, voː ist di ˈkasə?]

A conta, por favor.

Posso pagar com cartão de crédito?

Há algum Multibanco aqui?

Estou à procura de um Multibanco.

Ich möchte zahlen.
[ɪç 'mœçtə 'tsaːlən]
Kann ich mit Karte zahlen?
[kan ɪç mɪt 'kaʁtə 'tsaːlən?]
Gibt es hier einen Geldautomat?
[giːpt ɛs hiːɐ 'aɪnən 'gɛlt?auto‚maːt?]
Ich brauche einen Geldautomat.
[ɪç 'bʁauχə 'aɪnən 'gɛlt?auto‚maːt]

Estou à procura de uma
casa de câmbio.
Eu gostaria de trocar ...

Qual a taxa de câmbio?

Precisa do meu passaporte?

Ich suche eine Wechselstube.
[ɪç 'zuːχə 'aɪnə 'vɛksəlˌʃtuːbə]
Ich möchte ... wechseln.
[ɪç 'mœçtə ... 'vɛksəln]
Was ist der Wechselkurs?
[vas ɪst deːɐ 'vɛksəlˌkuʁs?]
Brauchen Sie meinen Reisepass?
[bʁauχən ziː 'maɪnən 'ʁaɪzəˌpas?]

Tempo

Que horas são?	**Wie spät ist es?** [vi: ʃpɛ:t ist ɛs?]
Quando?	**Wann?** [van?]
A que horas?	**Um wie viel Uhr?** [ʊm vifi:l u:ɐ?]
agora | mais tarde | depois ...	**jetzt | später | nach ...** [jɛtst | 'ʃpɛ:tɐ | na:χ ...]

uma em ponto	**ein Uhr** [aɪn u:ɐ]
uma e quinze	**Viertel zwei** [fɪʁtəl tsvaɪ]
uma e trinta	**ein Uhr dreißig** [aɪn u:ɐ 'dʁaɪsɪç]
uma e quarenta e cinco	**Viertel vor zwei** [fɪʁtəl fo:ɐ tsvaɪ]

um | dois | três	**eins | zwei | drei** [aɪns | tsvaɪ | dʁaɪ]
quatro | cinco | seis	**vier | fünf | sechs** [fi:ɐ | fʏnf | zɛks]
set | oito | nove	**sieben | acht | neun** [zi:bən | aχt | nɔɪn]
dez | onze | doze	**zehn | elf | zwölf** [tse:n | ɛlf | tsvœlf]

dentro de ...	**in ...** [ɪn ...]
5 minutos	**fünf Minuten** [fʏnf mi'nu:tən]
10 minutos	**zehn Minuten** [tse:n mi'nu:tən]
15 minutos	**fünfzehn Minuten** [fʏnftse:n mi'nu:tən]
20 minutos	**zwanzig Minuten** [tsvantsɪç mi'nu:tən]
meia hora	**einer halben Stunde** [aɪnɐ 'halbən 'ʃtʊndə]
uma hora	**einer Stunde** [aɪnɐ 'ʃtʊndə]

de manhã	**am Vormittag** [am 'fo:ɐmɪta:k]
de manhã cedo	**früh am Morgen** [fʀy: am 'mɔʀgən]
esta manhã	**diesen Morgen** [di:zən 'mɔʀgən]
amanhã de manhã	**morgen früh** [mɔʀgən fʀy:]
ao meio-dia	**am Mittag** [am 'mɪta:k]
à tarde	**am Nachmittag** [am 'na:χmɪta:k]
à noite (das 18h às 24h)	**am Abend** [am 'a:bənt]
esta noite	**heute Abend** [hɔɪtə 'a:bənt]
à noite (da 0h às 6h)	**in der Nacht** [ɪn de:ɐ naχt]
ontem	**gestern** [gɛsten]
hoje	**heute** [hɔɪtə]
amanhã	**morgen** [mɔʀgən]
depois de amanhã	**übermorgen** [y:bɐˌmɔʀgən]
Que dia é hoje?	**Welcher Tag ist heute?** [vɛlçɐ ta:k ist 'hɔɪtə?]
Hoje é ...	**Es ist ...** [ɛs ist ...]
segunda-feira	**Montag** [mo:nta:k]
terça-feira	**Dienstag** [di:nsta:k]
quarta-feira	**Mittwoch** [mɪtvɔχ]
quinta-feira	**Donnerstag** [dɔnɛsta:k]
sexta-feira	**Freitag** [fʀaɪta:k]
sábado	**Samstag** [zamsta:k]
domingo	**Sonntag** [zɔnta:k]

Saudações. Apresentações

Olá!	**Hallo.** [ha'lo:]
Prazer em conhecê-lo /conhecê-la/.	**Freut mich, Sie kennen zu lernen.** [fʀɔɪt mɪç, zi: 'kɛnən tsu 'lɛʀnən]
O prazer é todo meu.	**Ganz meinerseits.** [gants 'maɪnəˌzaɪts]
Apresento-lhe …	**Darf ich vorstellen? Das ist …** [daʀf ɪç 'fo:ɐˌʃtɛlən? das ɪs …]
Muito prazer.	**Sehr angenehm.** [ze:ɐ 'angəˌne:m]
Como está?	**Wie geht es Ihnen?** [vi: ge:t ɛs 'i:nən?]
Chamo-me …	**Ich heiße …** [ɪç 'haɪsə …]
Ele chama-se …	**Er heißt …** [e:ɐ haɪst …]
Ela chama-se …	**Sie heißt …** [zi: haɪst …]
Como é que o senhor /a senhora/ se chama?	**Wie heißen Sie?** [vi: 'haɪsən zi:?]
Como é que ela se chama? (m)	**Wie heißt er?** [vi: haɪst e:ɐ?]
Como é que ela se chama? (f)	**Wie heißt sie?** [vi: haɪst zi:?]
Qual o seu apelido?	**Wie ist Ihr Nachname?** [vi: ist i:ɐ 'na:χˌna:mə?]
Pode chamar-me …	**Sie können mich … nennen.** [zi: 'kœnən mɪç … 'nɛnən]
De onde é?	**Woher kommen Sie?** [vo'he:ɐ 'kɔmən zi:?]
Sou de …	**Ich komme aus …** [ɪç 'kɔmə 'aʊs …]
O que faz na vida?	**Was machen Sie beruflich?** [vas 'maχən zi: bə'ʀu:flɪç?]
Quem é este?	**Wer ist das?** [ve:ɐ ist das?]
Quem é ele?	**Wer ist er?** [ve:ɐ ist e:ɐ?]
Quem é ela?	**Wer ist sie?** [ve:ɐ ist zi:?]
Quem são eles?	**Wer sind sie?** [ve:ɐ zɪnt zi:?]

Este é ...	**Das ist ...**
	[das is ...]
o meu amigo	**mein Freund**
	[maɪn fʀɔɪnt]
a minha amiga	**meine Freundin**
	[maɪnə 'fʀɔɪndin]
o meu marido	**mein Mann**
	[maɪn man]
a minha mulher	**meine Frau**
	[maɪnə 'fʀaʊ]

o meu pai	**mein Vater**
	[maɪn 'faːtɐ]
a minha mãe	**meine Mutter**
	[maɪnə 'mʊtɐ]
o meu irmão	**mein Bruder**
	[maɪn 'bʀuːdɐ]
a minha irmã	**meine Schwester**
	[maɪnə 'ʃvɛstɐ]
o meu filho	**mein Sohn**
	[maɪn zoːn]
a minha filha	**meine Tochter**
	[maɪnə 'tɔχtɐ]

Este é o nosso filho.	**Das ist unser Sohn.**
	[das is 'ʊnzɐ zoːn]
Este é a nossa filha.	**Das ist unsere Tochter.**
	[das is 'ʊnzərə 'tɔχtɐ]
Estes são os meus filhos.	**Das sind meine Kinder.**
	[das zɪnt 'maɪnə 'kɪndɐ]
Estes são os nossos filhos.	**Das sind unsere Kinder.**
	[das zɪnt 'ʊnzərə 'kɪndɐ]

Despedidas

Adeus!   **Auf Wiedersehen!**
[aʊf 'viːdɐˌzeːən!]

Tchau!   **Tschüs!**
[ʧyːs!]

Até amanhã.   **Bis morgen.**
[bɪs 'mɔʁɡən]

Até breve.   **Bis bald.**
[bɪs balt]

Até às sete.   **Bis um sieben.**
[bɪs ʊm ziːbən]

Diverte-te!   **Viel Spaß!**
[fiːl ʃpaːs!]

Falamos mais tarde.   **Wir sprechen später.**
[viːɐ 'ʃpʁɛçən 'ʃpɛːtə]

Bom fim de semana.   **Ich wünsche Ihnen**
ein schönes Wochenende.
[ɪç 'vʏnʃə 'iːnən
aɪn 'ʃøːnəs 'vɔχənˌʔɛndə]

Boa noite.   **Gute Nacht.**
[ɡuːtə naχt]

Está na hora.   **Es ist Zeit, dass ich gehe.**
[ɛs ist tsaɪt, das ɪç 'ɡeːə]

Preciso de ir embora.   **Ich muss gehen.**
[ɪç mʊs 'ɡeːən]

Volto já.   **Ich bin gleich wieder da.**
[ɪç bɪn ɡlaɪç 'viːdɐ da]

Já é tarde.   **Es ist schon spät.**
[ɛs ist ʃoːn ʃpɛːt]

Tenho de me levantar cedo.   **Ich muss früh aufstehen.**
[ɪç mʊs fʁyː 'aʊfˌʃteːən]

Vou-me embora amanhã.   **Ich reise morgen ab.**
[ɪç 'ʁaɪzə 'mɔʁɡən ap]

Vamos embora amanhã.   **Wir reisen morgen ab.**
[viːɐ 'ʁaɪzən 'mɔʁɡən ap]

Boa viagem!   **Ich wünsche Ihnen eine gute Reise!**
[ɪç 'vʏnʃə 'iːnən aɪnə 'ɡuːtə 'ʁaɪzə!]

Tive muito prazer em conhecer-vos.   **Hat mich gefreut,**
Sie kennen zu lernen.
[hat mɪç ɡə'fʁɔɪt,
ziː 'kɛnən tsu 'lɛʁnən]

Foi muito agradável falar consigo.	**Hat mich gefreut mit Ihnen zu sprechen.** [hat mɪç ɡə'fʀɔɪt mɪt 'iːnən tsu 'ʃpʀɛçən]
Obrigado /Obrigada/ por tudo.	**Danke für alles.** [daŋkə fyːɐ 'aləs]

Passei um tempo muito agradável.	**Ich hatte eine sehr gute Zeit.** [ɪç hatə 'aɪnə zeːɐ 'ɡuːtə tsaɪt]
Passámos um tempo muito agradável.	**Wir hatten eine sehr gute Zeit.** [viːɐ 'hatən 'aɪnə zeːɐ 'ɡuːtə tsaɪt]
Foi mesmo fantástico.	**Es war wirklich toll.** [ɛs vaːɐ 'vɪʁklɪç tɔl]
Vou ter saudades suas.	**Ich werde Sie vermissen.** [ɪç 'veːɐdə ziː fɛɐ'mɪsən]
Vamos ter saudades suas.	**Wir werden Sie vermissen.** [viːɐ 'veːɐdən ziː fɛɐ'mɪsən]

Boa sorte!	**Viel Glück!** [fiːl ɡlʏk!]
Dê cumprimentos a …	**Grüßen Sie …** [ɡʀyːsən ziː …]

Língua estrangeira

Eu não entendo.	**Ich verstehe nicht.**
	[ɪç fɛɛ'ʃteːə nɪçt]
Escreva isso, por favor.	**Schreiben Sie es bitte auf.**
	[ʃʀaɪbən ziː ɛs 'bɪtə aʊf]
O senhor fala ...?	**Sprechen Sie ...?**
	[ʃpʀɛçən ziː ...?]

Eu falo um pouco de ...	**Ich spreche ein bisschen ...**
	[ɪç 'ʃpʀɛçə aɪn 'bɪsçən ...]
Inglês	**Englisch**
	[ɛŋlɪʃ]
Turco	**Türkisch**
	[tʏʁkɪʃ]
Árabe	**Arabisch**
	[a'ʀaːbɪʃ]
Francês	**Französisch**
	[fʀan'tsøːzɪʃ]

Alemão	**Deutsch**
	[dɔɪʧ]
Italiano	**Italienisch**
	[ˌita'lɪeːnɪʃ]
Espanhol	**Spanisch**
	[ʃpaːnɪʃ]
Português	**Portugiesisch**
	[pɔʁtu'giːzɪʃ]
Chinês	**Chinesisch**
	[çi'neːzɪʃ]
Japonês	**Japanisch**
	[ja'paːnɪʃ]

Pode repetir isso, por favor.	**Können Sie das bitte wiederholen.**
	[kœnən ziː das 'bɪtə viːde'hoːlən]
Compreendo.	**Ich verstehe.**
	[ɪç fɛɛ'ʃteːə]
Eu não entendo.	**Ich verstehe nicht.**
	[ɪç fɛɛ'ʃteːə nɪçt]
Por favor fale mais devagar.	**Sprechen Sie etwas langsamer.**
	[ʃpʀɛçən ziː 'ɛtvas 'laŋˌzaːmɐ]

Isso está certo?	**Ist das richtig?**
	[ist das 'ʀɪçtɪç?]
O que é isto? (O que significa?)	**Was ist das?**
	[vas ist das?]

Desculpas

Desculpe-me, por favor.

Entschuldigen Sie bitte.
[ɛnt'ʃʊldɪɡən zi: 'bɪtə]

Lamento.

Es tut mir leid.
[ɛs tu:t mi:ɐ laɪt]

Tenho muita pena.

Es tut mir sehr leid.
[ɛs tu:t mi:ɐ ze:ɐ laɪt]

Desculpe, a culpa é minha.

Es tut mir leid, das ist meine Schuld.
[ɛs tu:t mi:ɐ laɪt, das ist 'maɪnə ʃʊlt]

O erro foi meu.

Das ist mein Fehler.
[das is maɪn 'fe:lɐ]

Posso ...?

Darf ich ...?
[daʁf ɪç ...?]

O senhor /a senhora/ não
se importa se eu ...?

**Haben Sie etwas dagegen,
wenn ich ...?**
[ha:bən zi: 'ɛtvas da'ge:ɡən,
vɛn ɪç ...?]

Não faz mal.

Es ist okay.
[ɛs ist o'ke:]

Está tudo em ordem.

Alles in Ordnung.
[aləs ɪn 'ɔʁdnʊŋ]

Não se preocupe.

Machen Sie sich keine Sorgen.
['maχən zi: zɪç 'kaɪnə 'zɔʁɡən]

Acordo

Sim.	**Ja.** [ja:]
Sim, claro.	**Ja, natürlich.** [ja:, na'ty:ɐlɪç]
Está bem!	**Ok! Gut!** [o'ke:! gu:t!]
Muito bem.	**Sehr gut.** [zeːɐ gu:t]
Claro!	**Natürlich!** [na'ty:ɐlɪç!]
Concordo.	**Genau.** [ge'naʊ]

Certo.	**Das stimmt.** [das ʃtɪmt]
Correto.	**Das ist richtig.** [das is 'ʀɪçtɪç]
Tem razão.	**Sie haben Recht.** [zi: 'ha:bən ʀɛçt]
Eu não me oponho.	**Ich habe nichts dagegen.** [ɪç 'ha:bə nɪçts da'ge:gən]
Absolutamente certo.	**Völlig richtig.** [fœlɪç 'ʀɪçtɪç]

É possível.	**Das kann sein.** [das kan zaɪn]
É uma boa ideia.	**Das ist eine gute Idee.** [das is 'aɪnə 'gu:tə i'de:]
Não posso recusar.	**Ich kann es nicht ablehnen.** [ɪç kan ɛs nɪçt 'apˌle:nən]
Terei muito gosto.	**Ich würde mich freuen.** [ɪç 'vʏʀdə mɪç 'fʀɔɪən]
Com prazer.	**Gerne.** [gɛʀnə]

Recusa. Expressão de dúvida

Não.	**Nein.** [naɪn]
Claro que não.	**Natürlich nicht.** [na'ty:elɪç nɪçt]
Não concordo.	**Ich stimme nicht zu.** [ɪç 'ʃtɪmə nɪçt tsu]
Não creio.	**Das glaube ich nicht.** [das 'glaʊbə ɪç nɪçt]
Isso não é verdade.	**Das ist falsch.** [das is falʃ]

O senhor não tem razão.	**Sie liegen falsch.** [zi: 'li:gən falʃ]
Acho que o senhor /a senhora/ não tem razão.	**Ich glaube, Sie haben Unrecht.** [ɪç 'glaʊbə, zi: 'ha:bən 'ʊnˌʀɛçt]
Não tenho a certeza.	**Ich bin nicht sicher.** [ɪç bɪn nɪçt 'zɪçɐ]
É impossível.	**Das ist unmöglich.** [das is 'ʊnmø:klɪç]
De modo algum!	**Nichts dergleichen!** [nɪçts de:ɐ'glaɪçən!]

Exatamente o contrário.	**Im Gegenteil!** [ɪm 'ge:gəntaɪl!]
Sou contra.	**Ich bin dagegen.** [ɪç bɪn da'ge:gən]
Não me importo.	**Es ist mir egal.** [ɛs ist mi:ɐ e'ga:l]
Não faço ideia.	**Keine Ahnung.** [kaɪnə 'a:nʊŋ]
Não creio.	**Ich bezweifle, dass es so ist.** [ɪç bə'tsvaɪflə, das ɛs zo: ist]

Desculpe, mas não posso.	**Es tut mir leid, ich kann nicht.** [ɛs tu:t mi:ɐ laɪt, ɪç kan nɪçt]
Desculpe, mas não quero.	**Es tut mir leid, ich möchte nicht.** [ɛs tu:t mi:ɐ laɪt, ɪç 'mœçtə nɪçt]

Desculpe, não quero isso.	**Danke, das brauche ich nicht.** [daŋkə, das 'bʀaʊχə ɪç nɪçt]
Já é muito tarde.	**Es ist schon spät.** [ɛs ist ʃo:n ʃpɛ:t]

Tenho de me levantar cedo.

Ich muss früh aufstehen.
[ɪç mʊs fʀy: 'aʊfʃteːən]

Não me sinto bem.

Mir geht es schlecht.
[miːɐ geːt ɛs ʃlɛçt]

Expressão de gratidão

Obrigado /Obrigada/.

Danke.
[daŋkə]

Muito obrigado /obrigada/.

Dankeschön.
[daŋkəʃøːn]

Fico muito grato.

Ich bin Ihnen sehr verbunden.
[ɪç bɪn 'iːnən zeːɐ ˌfɛɐ'bʊndən]

Estou-lhe muito reconhecido.

Ich bin Ihnen sehr dankbar.
[ɪç bɪn 'iːnən zeːɐ 'daŋkbaːɐ]

Estamos-lhe muito reconhecidos.

Wir sind Ihnen sehr dankbar.
[viːɐ zɪnt 'iːnən zeːɐ 'daŋkbaːɐ]

Obrigado pelo seu tempo.

Danke, dass Sie Ihre Zeit geopfert haben.
[daŋkə, das ziː 'iːʀə tsaɪt gə'ʔɔpfet 'haːbən]

Obrigado /Obrigada/ por tudo.

Danke für alles.
[daŋkə fyːɐ 'aləs]

Obrigado /Obrigada/ ...

Danke für ...
[daŋkə fyːɐ ...]

... pela sua ajuda

Ihre Hilfe
[iːʀə 'hɪlfə]

... por este tempo bem passado

die schöne Zeit
[di 'ʃøːnə tsaɪt]

... pela comida deliciosa

das wunderbare Essen
[das 'vʊndebaːʀə 'ɛsən]

... por esta noite agradável

den angenehmen Abend
[den 'angəˌneːmən 'aːbənt]

... pelo dia maravilhoso

den wunderschönen Tag
[dɛn ˌvʊnde'ʃøːnən taːk]

... pela jornada fantástica

die interessante Führung
[di ɪntəʀɛ'santə 'fyːʀʊŋ]

Não tem de quê.

Keine Ursache.
[kaɪnə 'uːɐˌzaχə]

Não precisa agradecer.

Nichts zu danken.
[nɪçts tsu 'daŋkən]

Disponha sempre.

Immer gerne.
[ɪmɐ 'gɛʀnə]

Foi um prazer ajudar.

Es freut mich, geholfen zu haben.
[ɛs fʀɔɪt mɪç, gə'hɔlfən tsu 'haːbən]

55

Esqueça isso.

Vergessen Sie es.
[fɛɐ̯'gɛsən zi: ɛs]

Não se preocupe.

Machen Sie sich keine Sorgen.
['maχən zi: zɪç 'kaɪnə 'zɔʁɡən]

Parabéns. Cumprimentos

Parabéns!
Glückwunsch!
[glʏkˌvʊnʃ!]

Feliz aniversário!
Alles gute zum Geburtstag!
[aləs 'guːtə tsʊm gə'bʊʁtsˌtaːk!]

Feliz Natal!
Frohe Weihnachten!
[ˌfʁoːə 'vaɪnaχtən!]

Feliz Ano Novo!
Frohes neues Jahr!
[ˌfʁoːəs 'nɔɪəs jaːɐ!]

Feliz Páscoa!
Frohe Ostern!
[ˌfʁoːə 'oːstən!]

Feliz Hanukkah!
Frohes Hanukkah!
[ˌfʁoːəs 'haːnuka:!]

Gostaria de fazer um brinde.
Ich möchte einen Toast ausbringen.
[ɪç 'mœçtə 'aɪnən toːst 'aʊsˌbʁɪŋən]

Saúde!
Auf Ihr Wohl!
[aʊf iːɐ voːl!]

Bebamos a ...!
Trinken wir auf ...!
[tʁɪŋkən viːɐ 'aʊf ...!]

Ao nosso sucesso!
Auf unseren Erfolg!
[aʊf 'ʊnzəʁən ɛɐ'fɔlk!]

Ao vosso sucesso!
Auf Ihren Erfolg!
[aʊf 'iːʁən ɛɐ'fɔlk!]

Boa sorte!
Viel Glück!
[fiːl glʏk!]

Tenha um bom dia!
Einen schönen Tag noch!
[aɪnən 'ʃøːnən taːk nɔχ!]

Tenha um bom feriado!
Haben Sie einen guten Urlaub!
[haːbən ziː 'aɪnən 'guːtən 'uːɐˌlaʊp!]

Tenha uma viagem segura!
Haben Sie eine sichere Reise!
[haːbən ziː 'aɪnə 'zɪçəʁə 'ʁaɪzə!]

Espero que melhore em breve!
Ich hoffe es geht Ihnen bald besser!
[ɪç 'hɔfə ɛs geːt 'iːnən balt 'bɛsə!]

Socializando

Porque é que está chateado?	**Warum sind Sie traurig?** [va'ʁʊm zɪnt zi: 'tʁaʊʁɪç?]
Sorria!	**Lächeln Sie!** [lɛçəln zi:!]
Está livre esta noite?	**Sind Sie heute Abend frei?** [zɪnt zi: 'hɔɪtə 'a:bənt fʁaɪ?]

Posso oferecer-lhe algo para beber?	**Darf ich ihnen was zum Trinken anbieten?** [daʁf ɪç 'i:nən vas tsʊm 'tʁɪŋkən 'anˌbi:tən?]
Você quer dançar?	**Möchten Sie tanzen?** [mœçtən zi: 'tantsən?]
Vamos ao cinema.	**Gehen wir ins Kino.** [ge:ən vi:ɐ ɪns 'ki:no]

Gostaria de a convidar para ir ...	**Darf ich Sie ins ... einladen?** [daʁf ɪç zi: ɪns ... 'aɪnˌla:dən?]
ao restaurante	**Restaurant** [ʁɛsto'ʁaŋ]
ao cinema	**Kino** [ki:no]
ao teatro	**Theater** [te'a:tɐ]
passear	**auf einen Spaziergang** [aʊf 'aɪnən ʃpa'tsi:ɐˌgaŋ]

A que horas?	**Um wie viel Uhr?** [ʊm vifi:l u:ɐ?]
hoje à noite	**heute Abend** [hɔɪtə 'a:bənt]
às 6 horas	**um sechs Uhr** [ʊm zɛks u:ɐ]
às 7 horas	**um sieben Uhr** [ʊm 'zi:bən u:ɐ]
às 8 horas	**um acht Uhr** [ʊm aχt u:ɐ]
às 9 horas	**um neun Uhr** [ʊm 'nɔɪn u:ɐ]

Gosta deste local?	**Gefällt es Ihnen hier?** [gə'fɛlt ɛs 'i:nən hi:ɐ?]
Está com alguém?	**Sind Sie hier mit jemandem?** [zɪnt zi: hi:ɐ mɪt 'je:mandəm?]

Estou com o meu amigo /amiga/.	**Ich bin mit meinem Freund.** [ɪç bɪn mɪt 'maɪnəm fʀɔɪnt]
Estou com os meus amigos.	**Ich bin mit meinen Freunden.** [ɪç bɪn mɪt 'maɪnəm 'fʀɔɪndən]
Não, estou sozinho /sozinha/.	**Nein, ich bin alleine.** [naɪn, ɪç bɪn a'laɪnə]
Tens namorado?	**Hast du einen Freund?** [hast du 'aɪnən fʀɔɪnt?]
Tenho namorado.	**Ich habe einen Freund.** [ɪç 'haːbə 'aɪnən fʀɔɪnt]
Tens namorada?	**Hast du eine Freundin?** [hast du 'aɪnə 'fʀɔɪndɪn?]
Tenho namorada.	**Ich habe eine Freundin.** [ɪç 'haːbə 'aɪnə 'fʀɔɪndɪn]
Posso voltar a vêr-te?	**Kann ich dich nochmals sehen?** [kan ɪç dɪç 'nɔχmaːls 'zeːən?]
Posso ligar-te?	**Kann ich dich anrufen?** [kan ɪç dɪç 'an,ʀuːfən?]
Liga-me.	**Ruf mich an.** [ʀuːf mɪç an]
Qual é o teu número?	**Was ist deine Nummer?** [vas ɪst 'daɪnə 'nʊmɐ?]
Tenho saudades tuas.	**Ich vermisse dich.** [ɪç fɛɐ'mɪsə dɪç]
Tem um nome muito bonito.	**Sie haben einen schönen Namen.** [ziː 'haːbən 'aɪnən 'ʃøːnən 'naːmən]
Amo-te.	**Ich liebe dich.** [ɪç 'liːbə dɪç]
Quer casar comigo?	**Willst du mich heiraten?** [vɪlst du mɪç 'haɪʀaːtən?]
Você está a brincar!	**Sie machen Scherze!** [ziː 'maχən 'ʃɛʀtsə!]
Estou só a brincar.	**Ich habe nur gescherzt.** [ɪç 'haːbə nuːɐ gə'ʃɛʀtst]
Está a falar a sério?	**Ist das Ihr Ernst?** [ist das iːɐ ɛʀnst?]
Estou a falar a sério.	**Das ist mein Ernst.** [das is maɪn ɛʀnst]
De verdade?!	**Echt?!** [ɛçt?!]
Incrível!	**Das ist unglaublich!** [das is ʊn'glaʊplɪç!]
Não acredito.	**Ich glaube Ihnen nicht.** [ɪç 'glaʊbə 'iːnən nɪçt]
Não posso.	**Ich kann nicht.** [ɪç kan nɪçt]
Não sei.	**Ich weiß nicht.** [ɪç vaɪs nɪçt]

Não entendo o que está a dizer.

Ich verstehe Sie nicht.
[ɪç fɛɐ'ʃteːə ziː nɪçt]

Saia, por favor.

Bitte gehen Sie weg.
[bɪtə 'geːən ziː vɛk]

Deixe-me em paz!

Lassen Sie mich in Ruhe!
[lasən ziː mɪç ɪn 'ʀuːə!]

Eu não o suporto.

Ich kann ihn nicht ausstehen.
[ɪç kan iːn nɪçt 'aʊsˌʃteːən]

Você é detestável!

Sie sind widerlich!
[ziː zɪnt 'viːdəlɪç!]

Vou chamar a polícia!

Ich rufe die Polizei an!
[ɪç 'ʀuːfə di ˌpoliˈtsaɪ an!]

Partilha de impressões. Emoções

Gosto disto.	**Das gefällt mir.** [das gə'fɛlt miːɐ]
É muito simpático.	**Sehr nett.** [zeːɐ nɛt]
Fixe!	**Das ist toll!** [das is tɔl!]
Não é mau.	**Das ist nicht schlecht.** [das is nɪçt ʃlɛçt]

Não gosto disto.	**Das gefällt mir nicht.** [das gə'fɛlt miːɐ nɪçt]
Isso não está certo.	**Das ist nicht gut.** [das is nɪçt guːt]
Isso é mau.	**Das ist schlecht.** [das is ʃlɛçt]
Isso é muito mau.	**Das ist sehr schlecht.** [das is zeːɐ ʃlɛçt]
Isso é asqueroso.	**Das ist widerlich.** [das is 'viːdɐlɪç]

Estou feliz.	**Ich bin glücklich.** [ɪç bɪn 'glʏklɪç]
Estou contente.	**Ich bin zufrieden.** [ɪç bɪn tsu'fʀiːdən]
Estou apaixonado /apaixonada/.	**Ich bin verliebt.** [ɪç bɪn fɛɐ'liːpt]
Estou calmo.	**Ich bin ruhig.** [ɪç bɪn 'ʀuːɪç]
Estou aborrecido.	**Ich bin gelangweilt.** [ɪç bɪn gə'laŋˌvaɪlt]

Estou cansado /cansada/.	**Ich bin müde.** [ɪç bɪn 'myːdə]
Estou triste.	**Ich bin traurig.** [ɪç bɪn 'tʀaʊʀɪç]

Estou apavorado.	**Ich habe Angst.** [ɪç 'haːbə aŋst]
Estou zangado /zangada/.	**Ich bin wütend.** [ɪç bɪn 'vyːtənt]
Estou preocupado /preocupada/.	**Ich mache mir Sorgen.** [ɪç 'maxə miːɐ 'zɔʀgən]
Estou nervoso /nervosa/.	**Ich bin nervös.** [ɪç bɪn nɛʀ'vøːs]

Estou ciumento /ciumenta/.

Ich bin eifersüchtig.
[ɪç bɪn ˈaɪfɛˌzʏçtɪç]

Estou surpreendido /surpreendida/.

Ich bin überrascht.
[ɪç bɪn yːbɛˈʀaʃt]

Estou perplexo /perplexa/.

Es ist mir peinlich.
[ɛs ist miːɐ ˈpaɪnˌlɪç]

Problemas. Acidentes

Tenho um problema.	**Ich habe ein Problem.** [ɪç 'ha:bə aɪn pʀo'ble:m]
Temos um problema.	**Wir haben Probleme.** [vi:ɐ 'ha:bən pʀo'ble:mə]
Estou perdido /perdida/.	**Ich bin verloren.** [ɪç bɪn fɛɐ'lo:ʀən]
Perdi o último autocarro.	**Ich habe den letzten Bus (Zug) verpasst.** [ɪç 'ha:bə den 'lɛtstən bʊs (tsu:k) fɛɐ'past]
Não me resta nenhum dinheiro.	**Ich habe kein Geld mehr.** [ɪç 'ha:bə kaɪn gɛlt me:ɐ]
Eu perdi ...	**Ich habe mein ... verloren.** [ɪç 'ha:bə maɪn ... fɛɐ'lo:ʀən]
Roubaram-me ...	**Jemand hat mein ... gestohlen.** [je:mant hat maɪn ... gə'ʃto:lən]
o meu passaporte	**Reisepass** [ʀaɪzə͜pas]
a minha carteira	**Geldbeutel** [gɛlt͜bɔɪtəl]
os meus papéis	**Papiere** [pa'pi:ʀə]
o meu bilhete	**Fahrkarte** [fa:ɐ͜kaʁtə]
o dinheiro	**Geld** [gɛlt]
a minha mala	**Tasche** [taʃə]
a minha camara	**Kamera** [kaməʀa]
o meu computador	**Laptop** [lɛptɔp]
o meu tablet	**Tabletcomputer** [tɛblət·kɔm͜pju:tɐ]
o meu telemóvel	**Handy** [hɛndi]
Ajude-me!	**Hilfe!** [hɪlfə!]
O que é que aconteceu?	**Was ist passiert?** [vas ɪst pa'si:ɐt?]
fogo	**Feuer** [fɔɪɐ]

tiroteio	**Schießerei** [ʃiːsəˈʀaɪ]
assassínio	**Mord** [mɔʀt]
explosão	**Explosion** [ɛksploˈzjoːn]
briga	**Schlägerei** [ʃlɛːgəˈʀaɪ]

Chame a polícia!	**Rufen Sie die Polizei!** [ʀuːfən ziː di ˌpoliˈtsaɪ!]
Mais depressa, por favor!	**Schneller bitte!** [ʃnɛlɐ ˈbɪtə!]
Estou à procura de uma esquadra de polícia.	**Ich suche nach einer Polizeistation.** [ɪç ˈzuːχə naːχ ˈaɪnə poliˈtsaɪʃtaˌtsjoːn]
Preciso de telefonar.	**Ich muss einen Anruf tätigen.** [ɪç mʊs ˈaɪnən ˈanˌʀuːf ˈtɛːtɪgən]
Posso telefonar?	**Kann ich Ihr Telefon benutzen?** [kan ɪç iːɐ̯ teleˈfoːn bəˈnʊtsən?]

Fui …	**Ich wurde …** [ɪç ˈvʀ̥də …]
assaltado /assaltada/	**ausgeraubt** [aʊsgəˌʀaʊpt]
roubado /roubada/	**überfallen** [ˌyːbɐˈfalən]
violada	**vergewaltigt** [fɛɐgəˈvaltɪçt]
atacado /atacada/	**angegriffen** [angəˌgʀɪfən]

Está tudo bem consigo?	**Ist bei Ihnen alles in Ordnung?** [ist baɪ ˈiːnən ˈaləs ɪn ˈɔʀdnʊŋ?]
Viu quem foi?	**Haben Sie gesehen wer es war?** [haːbən ziː geˈzeːən veːɐ̯ ɛs vaːɐ̯?]
Seria capaz de reconhecer a pessoa?	**Sind Sie in der Lage die Person wiederzuerkennen?** [zɪnt ziː ɪn deːɐ̯ laːgə di pɛɐˈzoːn ˈviːdɛtsuʔɛɐˌkɛnən?]
Tem a certeza?	**Sind sie sicher?** [zɪnt ziː ˈzɪçɐ?]

Acalme-se, por favor.	**Beruhigen Sie sich bitte!** [bəˈʀuːɪgən ziː zɪç ˈbɪtə!]
Calma!	**Ruhig!** [ʀuːɪç!]
Não se preocupe.	**Machen Sie sich keine Sorgen.** [maχən ziː zɪç ˈkaɪnə ˈzɔʀgən]
Vai ficar tudo bem.	**Alles wird gut.** [aləs vɪʀt guːt]
Está tudo em ordem.	**Alles ist in Ordnung.** [aləs ist ɪn ˈɔʀdnʊŋ]

Chegue aqui, por favor.

Kommen Sie bitte her.
[kɔmən zi: 'bɪtə he:ɐ]

Tenho algumas questões a colocar-lhe.

Ich habe einige Fragen für Sie.
[ɪç 'ha:bə 'aɪnɪgə 'fʀa:gən fy:ɐ zi:]

Aguarde um momento, por favor.

Warten Sie einen Moment bitte.
[vaʁtən 'aɪnən mɔ'mɛnt 'bɪtə]

Tem alguma identificação?

Haben Sie einen Ausweis?
[ha:bən zi: 'aɪnən 'aʊs̩vaɪs?]

Obrigado. Pode ir.

Danke. Sie können nun gehen.
[daŋkə. zi: 'kœnən nu:n 'ge:ən]

Mãos atrás da cabeça!

Hände hinter dem Kopf!
[hɛndə 'hɪntɐ dem kɔpf!]

Você está preso!

Sie sind verhaftet!
[zi: zɪnt fɛɐ'haftət!]

Problemas de saúde

Ajude-me, por favor.

Não me sinto bem.

O meu marido não se sente bem.

O meu filho ...

O meu pai ...

Helfen Sie mir bitte.
[hɛlfən ziː miːɐ 'bɪtə]

Mir ist schlecht.
[miːɐ ɪs ʃlɛçt]

Meinem Ehemann ist schlecht.
[maɪnəm 'eːəman ist ʃlɛçt]

Mein Sohn ...
[maɪn zoːn ...]

Mein Vater ...
[maɪn 'faːtɐ ...]

A minha mulher não se sente bem.

A minha filha ...

A minha mãe ...

Meine Frau fühlt sich nicht gut.
[maɪnə 'fʀaʊ fyːlt zɪç nɪçt guːt]

Meine Tochter ...
[maɪnə 'tɔxtɐ ...]

Meine Mutter ...
[maɪnə 'mʊtɐ ...]

Tenho uma ...

dor de cabeça

dor de garganta

dor de barriga

dor de dentes

Ich habe ... schmerzen.
[ɪç 'haːbə ... 'ʃmɛʀtsən]

Kopf-
[kɔpf]

Hals-
[hals]

Bauch-
[baʊx]

Zahn-
[tsaːn]

Estou com tonturas.

Ele está com febre.

Ela está com febre.

Não consigo respirar.

Mir ist schwindelig.
[miːɐ ɪs 'ʃvɪndəlɪç]

Er hat Fieber.
[eːɐ hat 'fiːbɐ]

Sie hat Fieber.
[ziː hat 'fiːbɐ]

Ich kann nicht atmen.
[ɪç kan nɪçt 'aːtmən]

Estou a sufocar.

Sou asmático.

Sou diabético /diabética/.

Ich kriege keine Luft.
[ɪç 'kʀiːgə 'kaɪnə lʊft]

Ich bin Asthmatiker.
[ɪç bɪn ast'maːtikɐ]

Ich bin Diabetiker /Diabetikerin/
[ɪç bɪn dia'beːtikɐ /dia'beːtikəʀɪn/]

Estou com insónia.	**Ich habe Schlaflosigkeit.** [ɪç 'ha:bə 'ʃla:flo:zɪçkaɪt]
intoxicação alimentar	**Lebensmittelvergiftung** [le:bəns,mɪtəl·fɛɐ̯ˌgɪftʊŋ]

Dói aqui.	**Es tut hier weh.** [ɛs tʊt hi:ɐ ve:]
Ajude-me!	**Hilfe!** [hɪlfə!]
Estou aqui!	**Ich bin hier!** [ɪç bɪn hi:ɐ!]
Estamos aqui!	**Wir sind hier!** [vi:ɐ zɪnt hi:ɐ!]
Tirem-me daqui!	**Bringen Sie mich hier raus!** [bʀɪŋən zi: mɪç hi:ɐ 'ʀaʊs!]
Preciso de um médico.	**Ich brauche einen Arzt.** [ɪç 'bʀaʊχə 'aɪnən aʁtst]
Não me consigo mexer.	**Ich kann mich nicht bewegen.** [ɪç kan mɪç nɪçt bə've:gən]
Não consigo mover as pernas.	**Ich kann meine Beine nicht bewegen.** [ɪç kan 'maɪnə 'baɪnə nɪçt bə've:gən]

Estou ferido.	**Ich habe eine Wunde.** [ɪç 'ha:bə 'aɪnə 'vʊndə]
É grave?	**Ist es ernst?** [ist ɛs ɛʁnst?]
Tenho os documentos no bolso.	**Meine Dokumente sind in meiner Hosentasche.** [maɪnə doku'mɛntə zɪnt ɪn 'maɪnə 'ho:zən,taʃə]
Acalme-se!	**Beruhigen Sie sich!** [bə'ʀu:ɪgən zi: zɪç!]
Posso telefonar?	**Kann ich Ihr Telefon benutzen?** [kan ɪç i:ɐ tele'fo:n bə'nʊtsən?]

Chame uma ambulância!	**Rufen Sie einen Krankenwagen!** [ʀu:fən zi: 'aɪnən 'kʀaŋkən,va:gən!]
É urgente!	**Es ist dringend!** [ɛs ist 'dʀɪŋənt!]
É uma emergência!	**Es ist ein Notfall!** [ɛs ist aɪn 'no:t,fal!]
Mais depressa, por favor!	**Schneller bitte!** [ʃnɛlɐ 'bɪtə!]
Chame o médico, por favor.	**Können Sie bitte einen Arzt rufen?** [kœnən zi: 'bɪtə 'aɪnən aʁtst 'ʀu:fən?]
Onde fica o hospital?	**Wo ist das Krankenhaus?** [vo: ist das 'kʀaŋkən,haʊs?]

Como se sente?	**Wie fühlen Sie sich?** [vi: 'fy:lən zi: zɪç?]
Está tudo bem consigo?	**Ist bei Ihnen alles in Ordnung?** [ist baɪ 'i:nən 'aləs ɪn 'ɔʁdnʊŋ?]

O que é que aconteceu?

Was ist passiert?
[vas ɪst pa'si:et?]

Já me sinto melhor.

Mir geht es schon besser.
[mi:ɐ ge:t ɛs ʃo:n 'bɛsɐ]

Está tudo em ordem.

Es ist in Ordnung.
[ɛs ist ɪn 'ɔʁdnʊŋ]

Tubo bem.

Alles ist in Ordnung.
[aləs ist ɪn 'ɔʁdnʊŋ]

Na farmácia

farmácia	**Apotheke** [apoˈteːkə]
farmácia de serviço	**24 Stunden Apotheke** [fiːɐ·ʊn·ˈtsvantsɪç ˈʃtʊndən apoˈteːkə]
Onde fica a farmácia mais próxima?	**Wo ist die nächste Apotheke?** [voː ist di ˈnɛːçstə apoˈteːkə?]

Está aberto agora?	**Ist sie jetzt offen?** [ist ziː jɛtst ˈɔfən?]
A que horas abre?	**Um wie viel Uhr öffnet sie?** [ʊm vifiːl uːɐ ˈœfnət ziː?]
A que horas fecha?	**Um wie viel Uhr schließt sie?** [ʊm vifiːl uːɐ ʃliːst ziː?]

Fica longe?	**Ist es weit?** [ist ɛs vaɪt?]
Posso ir até lá a pé?	**Kann ich dort zu Fuß hingehen?** [kan ɪç dɔʁt tsu fuːs ˈhɪnˌgeːən?]
Pode-me mostrar no mapa?	**Können Sie es mir auf der Karte zeigen?** [kœnən ziː ɛs miːɐ aʊf deːɐ ˈkaʁtə ˈtsaɪgən?]

Por favor dê-me algo para ...	**Bitte geben sie mir etwas gegen ...** [bɪtə geːbn ziː miːɐ ˈɛtvas ˈgeːgən ...]
as dores de cabeça	**Kopfschmerzen** [kɔpfʃmɛʁtsən]
a tosse	**Husten** [huːstən]
o resfriado	**eine Erkältung** [aɪnə ɛɐˈkɛltʊŋ]
a gripe	**die Grippe** [di ˈgʁɪpə]

a febre	**Fieber** [fiːbɐ]
uma dor de estômago	**Magenschmerzen** [maːgənʃmɛʁtsən]
as náuseas	**Übelkeit** [yːbəlkaɪt]
a diarreia	**Durchfall** [dʊʁçˌfal]
a constipação	**Verstopfung** [fɛɐˈʃtɔpfʊŋ]

as dores nas costas	**Rückenschmerzen**
	[ʀʏkən ʃmɛʀtsən]
as dores no peito	**Brustschmerzen**
	[bʀʊst ʃmɛʀtsən]
a sutura	**Seitenstechen**
	[zaɪtən ʃtɛçən]
as dores abdominais	**Bauchschmerzen**
	[baʊχ ʃmɛʀtsən]

comprimido	**Pille**
	[pɪlə]
unguento, creme	**Salbe, Creme**
	[zalbə, kʀɛːm]
charope	**Sirup**
	[ziːʀʊp]
spray	**Spray**
	[ʃpʀeː]
dropes	**Tropfen**
	[tʀɔpfən]

Você precisa de ir ao hospital.	**Sie müssen ins Krankenhaus gehen.**
	[ziː 'mʏsən ɪns 'kʀaŋkən haʊs 'geːən]
seguro de saúde	**Krankenversicherung**
	[kʀaŋkən·fɛɐ zɪçəʀʊŋ]
prescrição	**Rezept**
	[ʀe'tsɛpt]
repelente de insetos	**Insektenschutzmittel**
	[ɪn'zɛktən·'ʃʊts mɪtəl]
penso rápido	**Pflaster**
	[pflastə]

O mínimo

Desculpe, ...	**Entschuldigen Sie bitte, ...** [ɛnt'ʃʊldɪgən zi: 'bɪtə, ...]
Olá!	**Hallo.** [ha'lo:]
Obrigado /Obrigada/.	**Danke.** [daŋkə]
Adeus.	**Auf Wiedersehen.** [aʊf 'viːdeˌzeːən]
Sim.	**Ja.** [jaː]
Não.	**Nein.** [naɪn]
Não sei.	**Ich weiß nicht.** [ɪç vaɪs nɪçt]
Onde? | Para onde? | Quando?	**Wo? | Wohin? | Wann?** [voː? | vo'hɪn? | van?]

Preciso de ...	**Ich brauche ...** [ɪç 'bʀaʊxə ...]
Eu queria ...	**Ich möchte ...** [ɪç 'mœçtə ...]
Tem ...?	**Haben Sie ...?** [haːbən zi: ...?]
Há aqui ...?	**Gibt es hier ...?** [giːpt ɛs hiːɐ ...?]
Posso ...?	**Kann ich ...?** [kan ɪç ...?]
..., por favor	**Bitte** [bɪtə]

Estou à procura ...	**Ich suche ...** [ɪç 'zuːxə ...]
da casa de banho	**Toilette** [toa'lɛtə]
dum Multibanco	**Geldautomat** [gɛlt?aʊtoˌmaːt]
de uma farmácia	**Apotheke** [apo'teːkə]
dum hospital	**Krankenhaus** [kʀaŋkənˌhaʊs]
da esquadra de polícia	**Polizeistation** [poli'tsaɪ·ʃtaˌtsjoːn]
do metro	**U-Bahn** [uːbaːn]

de um táxi	**Taxi** [taksi]
da estação de comboio	**Bahnhof** [ba:n‚ho:f]

Chamo-me ...	**Ich heiße ...** [ɪç 'haɪsə ...]
Como se chama?	**Wie heißen Sie?** [vi: 'haɪsən zi:?]
Pode-me dar uma ajuda?	**Helfen Sie mir bitte.** [hɛlfən zi: mi:ɐ 'bɪtə]
Tenho um problema.	**Ich habe ein Problem.** [ɪç 'ha:bə aɪn pʀo'ble:m]
Não me sinto bem.	**Mir ist schlecht.** [mi:ɐ ɪs ʃlɛçt]
Chame a ambulância!	**Rufen Sie einen Krankenwagen!** [ʀu:fən zi: 'aɪnən 'kʀaŋkən‚va:gən!]
Posso fazer uma chamada?	**Darf ich telefonieren?** [daʀf ɪç telefo'ni:ʀən?]

Desculpe.	**Entschuldigung.** [ɛnt'ʃʊldɪgʊŋ]
De nada.	**Keine Ursache.** [kaɪnə 'u:ɐ‚zaχə]

eu	**ich** [ɪç]
tu	**du** [du:]
ele	**er** [e:ɐ]
ela	**sie** [zi:]
eles	**sie** [zi:]
elas	**sie** [zi:]
nós	**wir** [vi:ɐ]
vocês	**ihr** [i:ɐ]
você	**Sie** [zi:]

ENTRADA	**EINGANG** [aɪn‚gaŋ]
SAÍDA	**AUSGANG** [aʊs‚gaŋ]
FORA DE SERVIÇO	**AUßER BETRIEB** [‚aʊsɐ bə'tʀi:p]
FECHADO	**GESCHLOSSEN** [gə'ʃlɔsən]

ABERTO

OFFEN
[ɔfən]

PARA SENHORAS

FÜR DAMEN
[fy:ɐ 'damən]

PARA HOMENS

FÜR HERREN
[fy:ɐ 'hɛʀən]

VOCABULÁRIO TÓPICO

Esta secção contém mais
de 3.000 das palavras mais
importantes.
O dicionário fornecerá uma
ajuda inestimável ao viajar
para o estrangeiro, porque
frequentemente o uso
de palavras individuais
é suficiente para ser
compreendido. O dicionário
inclui uma transcrição
conveniente de cada palavra
estrangeira

T&P Books Publishing

CONTEÚDO DO DICIONÁRIO

T&P Books Publishing

CONCEITOS BÁSICOS

T&P Books Publishing

eu	**ich**	[ɪç]
tu	**du**	[du:]
ele	**er**	[e:ɐ]
ela	**sie**	[zi:]
ele, ela	**es**	[ɛs]
nós	**wir**	[vi:ɐ]
vocês	**ihr**	[i:ɐ]
você (sing.)	**Sie**	[zi:]
você (pl)	**Sie**	[zi:]
eles, -as	**sie**	[zi:]

2. Cumprimentos. Saudações

Olá!	**Hallo!**	[ha'lo:]
Bom dia! (formal)	**Hallo!**	[ha'lo:]
Bom dia! (de manhã)	**Guten Morgen!**	['gu:tən 'mɔʁgən]
Boa tarde!	**Guten Tag!**	['gu:tən 'ta:k]
Boa noite!	**Guten Abend!**	['gu:tən 'a:bənt]
cumprimentar (vt)	**grüßen** (vi, vt)	['gʁy:sən]
Olá!	**Hallo!**	[ha'lo:]
saudação (f)	**Gruß** (m)	[gʁu:s]
saudar (vt)	**begrüßen** (vt)	[bə'gʁy:sən]
Como vai?	**Wie geht's?**	[ˌvi: 'ge:ts]
O que há de novo?	**Was gibt es Neues?**	[vas gi:pt ɛs 'nɔɪəs]
Até à vista!	**Auf Wiedersehen!**	[aʊf 'vi:dəˌze:ən]
Até breve!	**Bis bald!**	[bɪs balt]
Adeus! (sing.)	**Lebe wohl!**	['le:bə vo:l]
Adeus! (pl)	**Leben Sie wohl!**	['le:bən zi: vo:l]
despedir-se (vp)	**sich verabschieden**	[zɪç fɛɐ'apˌʃi:dən]
Até logo!	**Tschüs!**	[tʃy:s]
Obrigado! -a!	**Danke!**	['daŋkə]
Muito obrigado! -a!	**Dankeschön!**	['daŋkəʃø:n]
De nada	**Bitte!**	['bɪtə]
Não tem de quê	**Keine Ursache!**	['kaɪnə 'u:ɐˌzaχə]
De nada	**Nichts zu danken!**	[nɪçts tsu 'daŋkən]
Desculpa!	**Entschuldige!**	[ɛnt'ʃʊldɪgə]
Desculpe!	**Entschuldigung!**	[ɛnt'ʃʊldɪgʊŋ]

desculpar (vt)	entschuldigen (vt)	[ɛnt'ʃʊldɪɡən]
desculpar-se (vp)	sich entschuldigen	[zɪç ɛnt'ʃʊldɪɡən]
As minhas desculpas	Verzeihung!	[fɛɐ'tsaɪʊŋ]
Desculpe!	Entschuldigung!	[ɛnt'ʃʊldɪɡʊŋ]
perdoar (vt)	verzeihen (vt)	[fɛɐ'tsaɪən]
Não faz mal	Das macht nichts!	[das maχt nɪçts]
por favor	bitte	['bɪtə]
Não se esqueça!	Nicht vergessen!	[nɪçt fɛɐ'ɡɛsən]
Certamente! Claro!	Natürlich!	[na'ty:ɐlɪç]
Claro que não!	Natürlich nicht!	[na'ty:ɐlɪç 'nɪçt]
De acordo!	Gut! Okay!	[ɡu:t], [o'ke:]
Basta!	Es ist genug!	[ɛs ist ɡə'nu:k]

3. Questões

Quem?	Wer?	[ve:ɐ]
Que?	Was?	[vas]
Onde?	Wo?	[vo:]
Para onde?	Wohin?	[vo'hɪn]
De onde?	Woher?	[vo'he:ɐ]
Quando?	Wann?	[van]
Para quê?	Wozu?	[vo'tsu:]
Porquê?	Warum?	[va'ʀʊm]
Para quê?	Wofür?	[vo'fy:ɐ]
Como?	Wie?	[vi:]
Qual?	Welcher?	['vɛlçɐ]
Qual?	Welcher?	['vɛlçɐ]
A quem?	Wem?	[ve:m]
Sobre quem?	Über wen?	['y:bɐ ve:n]
Do quê?	Wovon?	[vo:'fɔn]
Com quem?	Mit wem?	[mɪt ve:m]
Quantos? -as?	Wie viele?	[vi: 'fi:lə]
Quanto?	Wie viel?	['vi: fi:l]
De quem? (masc.)	Wessen?	['vɛsən]

4. Preposições

com (prep.)	mit	[mɪt]
sem (prep.)	ohne	['o:nə]
a, para (exprime lugar)	nach	[na:χ]
sobre (ex. falar ~)	über	['y:bɐ]
antes de ...	vor	[fo:ɐ]
diante de ...	vor	[fo:ɐ]
sob (debaixo de)	unter	['ʊntɐ]

sobre (em cima de)	über	['y:bɐ]
sobre (~ a mesa)	auf	[aʊf]
de (vir ~ Lisboa)	aus	['aʊs]
de (feito ~ pedra)	aus, von	['aʊs], [fɔn]

| dentro de (~ dez minutos) | in | [ɪn] |
| por cima de … | über | ['y:bɐ] |

5. Palavras funcionais. Advérbios. Parte 1

Onde?	Wo?	[vo:]
aqui	hier	[hi:ɐ]
lá, ali	dort	[dɔʁt]

| em algum lugar | irgendwo | ['ɪʁgənt'vo:] |
| em lugar nenhum | nirgends | ['nɪʁgənts] |

| ao pé de … | an | [an] |
| ao pé da janela | am Fenster | [am 'fɛnstɐ] |

Para onde?	Wohin?	[vo'hɪn]
para cá	hierher	['hi:ɐ'he:ɐ]
para lá	dahin	[da'hɪn]
daqui	von hier	[fɔn hi:ɐ]
de lá, dali	von da	[fɔn da:]

| perto | nah | [na:] |
| longe | weit | [vaɪt] |

perto de …	in der Nähe von …	[ɪn de:ɐ 'nɛ:ə fɔn]
ao lado de	in der Nähe	[ɪn de:ɐ 'nɛ:ə]
perto, não fica longe	unweit	['ʊnvaɪt]

esquerdo	link	[lɪŋk]
à esquerda	links	[lɪŋks]
para esquerda	nach links	[na:χ lɪŋks]

direito	recht	[ʁɛçt]
à direita	rechts	[ʁɛçts]
para direita	nach rechts	[na:χ ʁɛçts]

à frente	vorne	['fɔʁnə]
da frente	Vorder-	['fɔʁdɐ]
em frente (para a frente)	vorwärts	['fo:ɐvɛʁts]

atrás de …	hinten	['hɪntən]
por detrás (vir ~)	von hinten	[fɔn 'hɪntən]
para trás	rückwärts	['ʁʏkˌvɛʁts]
meio (m), metade (f)	Mitte (f)	['mɪtə]
no meio	in der Mitte	[ɪn de:ɐ 'mɪtə]

de lado	seitlich	['zaɪtlɪç]
em todo lugar	überall	[y:bɐ'?al]
ao redor (olhar ~)	ringsherum	[ˌʀɪŋshɛ'ʀʊm]
de dentro	von innen	[fɔn 'ɪnən]
para algum lugar	irgendwohin	['ɪʁɡənt·vo'hɪn]
diretamente	geradeaus	[ɡəʀa:də'?aʊs]
de volta	zurück	[tsu'ʀʏk]
de algum lugar	irgendwoher	['ɪʁɡənt·vo'he:ɐ]
de um lugar	von irgendwo	[fɔn ˌɪʁɡənt'vo:]
em primeiro lugar	erstens	['e:estəns]
em segundo lugar	zweitens	['tsvaɪtəns]
em terceiro lugar	drittens	['dʀɪtəns]
de repente	plötzlich	['plœtslɪç]
no início	zuerst	[tsu'?e:est]
pela primeira vez	zum ersten Mal	[tsʊm 'e:estən 'ma:l]
muito antes de …	lange vor …	['laŋə fo:ɐ]
de novo, novamente	von Anfang an	[fɔn 'an faŋ an]
para sempre	für immer	[fy:ɐ 'ɪmɐ]
nunca	nie	[ni:]
de novo	wieder	['vi:dɐ]
agora	jetzt	[jɛtst]
frequentemente	oft	[ɔft]
então	damals	['da:ma:ls]
urgentemente	dringend	['dʀɪŋənt]
usualmente	gewöhnlich	[ɡə'vø:nlɪç]
a propósito, …	übrigens, …	['y:bʀɪɡəns]
é possível	möglicherweise	['mø:klɪçɐ'vaɪzə]
provavelmente	wahrscheinlich	[va:ɐ'ʃaɪnlɪç]
talvez	vielleicht	[fi'laɪçt]
além disso, …	außerdem …	['aʊsɐde:m]
por isso	deshalb …	['dɛs'halp]
apesar de …	trotz …	[tʀɔts]
graças a …	dank …	[daŋk]
que (pron.)	was	[vas]
que (conj.)	das	[das]
algo	etwas	['ɛtvas]
alguma coisa	irgendwas	['ɪʁɡənt'vas]
nada	nichts	[nɪçts]
quem	wer	[ve:ɐ]
alguém	jemand	['je:mant]
(~ teve uma ideia …)		
alguém	irgendwer	['ɪʁɡənt've:ɐ]
ninguém	niemand	['ni:mant]
para lugar nenhum	nirgends	['nɪʁɡənts]

| de ninguém | niemandes | ['ni:mandəs] |
| de alguém | jemandes | ['je:mandəs] |

tão	so	[zo:]
também (gostaria ~ de …)	auch	['aʊχ]
também (~ eu)	ebenfalls	['e:bən‚fals]

6. Palavras funcionais. Advérbios. Parte 2

Porquê?	Warum?	[va'ʀʊm]
por alguma razão	aus irgendeinem Grund	['aʊs 'ɪʀgənt'ʔaɪnəm gʀʊnt]
porque …	weil …	[vaɪl]
por qualquer razão	zu irgendeinem Zweck	[tsu 'ɪʀgənt'ʔaɪnəm tsvɛk]

e (tu ~ eu)	und	[ʊnt]
ou (ser ~ não ser)	oder	['o:də]
mas (porém)	aber	['a:bɐ]
para (~ a minha mãe)	für	[fy:ɐ]

demasiado, muito	zu	[tsu:]
só, somente	nur	[nu:ɐ]
exatamente	genau	[gə'naʊ]
cerca de (~ 10 kg)	etwa	['ɛtva]

aproximadamente	ungefähr	['ʊngəfɛ:ɐ]
aproximado	ungefähr	['ʊngəfɛ:ɐ]
quase	fast	[fast]
resto (m)	Übrige (n)	['y:bʀɪgə]

o outro (segundo)	der andere	[de:ɐ 'andəʀə]
outro	andere	['andəʀə]
cada	jeder (m)	['je:dɐ]
qualquer	beliebig	[bɛ'li:bɪç]
muito	viel	[fi:l]
muitas pessoas	viele Menschen	['fi:lə 'mɛnʃən]
todos	alle	['alə]

em troca de …	im Austausch gegen …	[ɪm 'aʊs‚taʊʃ 'ge:gən]
em troca	dafür	[da'fy:ɐ]
à mão	mit der Hand	[mɪt de:ɐ hant]
pouco provável	schwerlich	['ʃve:ɐlɪç]

provavelmente	wahrscheinlich	[va:ɐ'ʃaɪnlɪç]
de propósito	absichtlich	['ap‚zɪçtlɪç]
por acidente	zufällig	['tsu:fɛlɪç]

muito	sehr	[ze:ɐ]
por exemplo	zum Beispiel	[tsʊm 'baɪʃpi:l]
entre	zwischen	['tsvɪʃən]

entre (no meio de)	**unter**	['ʊntɐ]
tanto	**so viel**	[zo: 'fi:l]
especialmente	**besonders**	[bə'zɔndɐs]

NÚMEROS. DIVERSOS

T&P Books Publishing

zero	**null**	[nʊl]
um	**eins**	[aɪns]
dois	**zwei**	[tsvaɪ]
três	**drei**	[dʀaɪ]
quatro	**vier**	[fiːɐ]
cinco	**fünf**	[fʏnf]
seis	**sechs**	[zɛks]
sete	**sieben**	['ziːbən]
oito	**acht**	[aχt]
nove	**neun**	[nɔɪn]
dez	**zehn**	[tseːn]
onze	**elf**	[ɛlf]
doze	**zwölf**	[tsvœlf]
treze	**dreizehn**	['dʀaɪtseːn]
catorze	**vierzehn**	['fiʀtseːn]
quinze	**fünfzehn**	['fʏnftseːn]
dezasseis	**sechzehn**	['zɛçtseːn]
dezassete	**siebzehn**	['ziːptseːn]
dezoito	**achtzehn**	['aχtseːn]
dezanove	**neunzehn**	['nɔɪntseːn]
vinte	**zwanzig**	['tsvantsɪç]
vinte e um	**einundzwanzig**	['aɪn·ʊnt·'tsvantsɪç]
vinte e dois	**zweiundzwanzig**	['tsvaɪ·ʊnt·'tsvantsɪç]
vinte e três	**dreiundzwanzig**	['dʀaɪ·ʊnt·'tsvantsɪç]
trinta	**dreißig**	['dʀaɪsɪç]
trinta e um	**einunddreißig**	['aɪn·ʊnt·'dʀaɪsɪç]
trinta e dois	**zweiunddreißig**	['tsvaɪ·ʊnt·'dʀaɪsɪç]
trinta e três	**dreiunddreißig**	['dʀaɪ·ʊnt·'dʀaɪsɪç]
quarenta	**vierzig**	['fiʀtsɪç]
quarenta e um	**einundvierzig**	['aɪn·ʊnt·'fiʀtsɪç]
quarenta e dois	**zweiundvierzig**	['tsvaɪ·ʊnt·'fiʀtsɪç]
quarenta e três	**dreiundvierzig**	['dʀaɪ·ʊnt·'fiʀtsɪç]
cinquenta	**fünfzig**	['fʏnftsɪç]
cinquenta e um	**einundfünfzig**	['aɪn·ʊnt·'fʏnftsɪç]
cinquenta e dois	**zweiundfünfzig**	['tsvaɪ·ʊnt·'fʏnftsɪç]
cinquenta e três	**dreiundfünfzig**	['dʀaɪ·ʊnt·'fʏnftsɪç]
sessenta	**sechzig**	['zɛçtsɪç]

sessenta e um	einundsechzig	['aɪn·ʊnt·'zɛçtsɪç]
sessenta e dois	zweiundsechzig	['tsvaɪ·ʊnt·'zɛçtsɪç]
sessenta e três	dreiundsechzig	['dʀaɪ·ʊnt·'zɛçtsɪç]

setenta	siebzig	['zi:ptsɪç]
setenta e um	einundsiebzig	['aɪn·ʊnt·'zi:ptsɪç]
setenta e dois	zweiundsiebzig	['tsvaɪ·ʊnt·'zi:ptsɪç]
setenta e três	dreiundsiebzig	['dʀaɪ·ʊnt·'zi:ptsɪç]

oitenta	achtzig	['aχtsɪç]
oitenta e um	einundachtzig	['aɪn·ʊnt·'aχtsɪç]
oitenta e dois	zweiundachtzig	['tsvaɪ·ʊnt·'aχtsɪç]
oitenta e três	dreiundachtzig	['dʀaɪ·ʊnt·'aχtsɪç]

noventa	neunzig	['nɔɪntsɪç]
noventa e um	einundneunzig	['aɪn·ʊnt·'nɔɪntsɪç]
noventa e dois	zweiundneunzig	['tsvaɪ·ʊnt·'nɔɪntsɪç]
noventa e três	dreiundneunzig	['dʀaɪ·ʊnt·'nɔɪntsɪç]

8. Números cardinais. Parte 2

cem	einhundert	['aɪn͵hʊndet]
duzentos	zweihundert	['tsvaɪ͵hʊndet]
trezentos	dreihundert	['dʀaɪ͵hʊndet]
quatrocentos	vierhundert	['fi:ɐ͵hʊndet]
quinhentos	fünfhundert	['fʏnf͵hʊndet]

seiscentos	sechshundert	[zɛks͵hʊndet]
setecentos	siebenhundert	['zi:bən͵hʊndet]
oitocentos	achthundert	['aχt͵hʊndet]
novecentos	neunhundert	['nɔɪn͵hʊndet]

mil	eintausend	['aɪn͵tauzənt]
dois mil	zweitausend	['tsvaɪ͵tauzənt]
três mil	dreitausend	['dʀaɪ͵tauzənt]
dez mil	zehntausend	['tsen͵tauzənt]
cem mil	hunderttausend	['hʊndet͵tauzənt]
um milhão	Million (f)	[mɪ'ljo:n]
mil milhões	Milliarde (f)	[mɪ'lɪaʀdə]

9. Números ordinais

primeiro	der erste	[de:ɐ 'ɛʀstə]
segundo	der zweite	[de:ɐ 'tsvaɪtə]
terceiro	der dritte	[de:ɐ 'dʀɪtə]
quarto	der vierte	[de:ɐ 'fi:ətə]
quinto	der fünfte	[de:ɐ 'fʏnftə]
sexto	der sechste	[de:ɐ 'zɛkstə]

sétimo	**der siebte**	[deːɐ 'ziːptə]
oitavo	**der achte**	[deːɐ 'aχtə]
nono	**der neunte**	[deːɐ 'nɔɪntə]
décimo	**der zehnte**	[deːɐ tseːntə]

CORES.
UNIDADES DE MEDIDA

cor (f)	**Farbe** (f)	['faʁbə]
matiz (m)	**Schattierung** (f)	[ʃa'tiːʁʊŋ]
tom (m)	**Farbton** (m)	['faʁp̩toːn]
arco-íris (m)	**Regenbogen** (m)	['ʁeːgən̩boːgən]
branco	**weiß**	[vaɪs]
preto	**schwarz**	[ʃvaʁts]
cinzento	**grau**	[gʁaʊ]
verde	**grün**	[gʁyːn]
amarelo	**gelb**	[gɛlp]
vermelho	**rot**	[ʁoːt]
azul	**blau**	[blaʊ]
azul claro	**hellblau**	['hɛl̩blaʊ]
rosa	**rosa**	['ʁoːza]
laranja	**orange**	[o'ʁaŋʃ]
violeta	**violett**	[vɪo'lɛt]
castanho	**braun**	[bʁaʊn]
dourado	**golden**	['gɔldən]
prateado	**silbrig**	['zɪlbʁɪç]
bege	**beige**	[beːʃ]
creme	**cremefarben**	['kʁɛːm̩faʁbən]
turquesa	**türkis**	[tʏʁ'kiːs]
vermelho cereja	**kirschrot**	['kɪʁʃʁoːt]
lilás	**lila**	['liːla]
carmesim	**himbeerrot**	['hɪmbeːɐ̯ʁoːt]
claro	**hell**	[hɛl]
escuro	**dunkel**	['dʊŋkəl]
vivo	**grell**	[gʁɛl]
de cor	**Farb-**	['faʁp]
a cores	**Farb-**	['faʁp]
preto e branco	**schwarz-weiß**	['ʃvaʁts̩vaɪs]
unicolor	**einfarbig**	['aɪn̩faʁbɪç]
multicor	**bunt**	[bʊnt]

| peso (m) | **Gewicht** (n) | [gə'vɪçt] |
| comprimento (m) | **Länge** (f) | ['lɛŋə] |

largura (f)	Breite (f)	['bʀaɪtə]
altura (f)	Höhe (f)	['høːə]
profundidade (f)	Tiefe (f)	['tiːfə]
volume (m)	Volumen (n)	[voˈluːmən]
área (f)	Fläche (f)	['flɛçə]

grama (m)	Gramm (n)	[gʀam]
miligrama (m)	Milligramm (n)	['mɪliˌgʀam]
quilograma (m)	Kilo (n)	['kiːlo]
tonelada (f)	Tonne (f)	['tɔnə]
libra (453,6 gramas)	Pfund (n)	[pfʊnt]
onça (f)	Unze (f)	['ʊntsə]

metro (m)	Meter (m, n)	['meːtɐ]
milímetro (m)	Millimeter (m)	['mɪliˌmeːtɐ]
centímetro (m)	Zentimeter (m, n)	[ˌtsɛntiˈmeːtɐ]
quilómetro (m)	Kilometer (m)	[ˌkiloˈmeːtɐ]
milha (f)	Meile (f)	['maɪlə]

polegada (f)	Zoll (m)	[tsɔl]
pé (304,74 mm)	Fuß (m)	[fuːs]
jarda (914,383 mm)	Yard (n)	[jaːɐt]

metro (m) quadrado	Quadratmeter (m)	[kvaˈdʀaːtˌmeːtɐ]
hectare (m)	Hektar (n)	['hɛktaːɐ]
litro (m)	Liter (m, n)	['liːtɐ]
grau (m)	Grad (m)	[gʀaːt]
volt (m)	Volt (n)	[vɔlt]
ampere (m)	Ampere (n)	[amˈpeːɐ]
cavalo-vapor (m)	Pferdestärke (f)	['pfeːɐdəˌʃtɛʀkə]

quantidade (f)	Anzahl (f)	['antsaːl]
um pouco de …	etwas …	['ɛtvas]
metade (f)	Hälfte (f)	['hɛlftə]
dúzia (f)	Dutzend (n)	['dʊtsənt]
peça (f)	Stück (n)	[ʃtʏk]

| dimensão (f) | Größe (f) | ['gʀøːsə] |
| escala (f) | Maßstab (m) | ['maːsˌʃtaːp] |

mínimo	minimal	[miniˈmaːl]
menor, mais pequeno	der kleinste	[deːɐ 'klaɪnstə]
médio	mittler, mittel-	['mɪtlɐ], ['mɪtəl]
máximo	maximal	[maksiˈmaːl]
maior, mais grande	der größte	[deːɐ 'gʀøːstə]

12. Recipientes

| boião (m) de vidro | Glas (n) | [glaːs] |
| lata (~ de cerveja) | Dose (f) | ['doːzə] |

balde (m)	**Eimer** (m)	['aɪmɐ]
barril (m)	**Fass** (n), **Tonne** (f)	[fas], ['tɔnə]
bacia (~ de plástico)	**Waschschüssel** (n)	['vaʃʃʏsəl]
tanque (m)	**Tank** (m)	[taŋk]
cantil (m) de bolso	**Flachmann** (m)	['flaχman]
bidão (m) de gasolina	**Kanister** (m)	[ka'nɪstɐ]
cisterna (f)	**Zisterne** (f)	[tsɪs'tɛʁnə]
caneca (f)	**Kaffeebecher** (m)	['kafe̞ˌbɛçɐ]
chávena (f)	**Tasse** (f)	['tasə]
pires (m)	**Untertasse** (f)	['ʊnte̞ˌtasə]
copo (m)	**Wasserglas** (n)	['vase̞ˌgla:s]
taça (m) de vinho	**Weinglas** (n)	['vaɪnˌgla:s]
panela (f)	**Kochtopf** (m)	['kɔχˌtɔpf]
garrafa (f)	**Flasche** (f)	['flaʃə]
gargalo (m)	**Flaschenhals** (m)	['flaʃənˌhals]
jarro, garrafa (f)	**Karaffe** (f)	[ka'ʁafə]
jarro (m) de barro	**Tonkrug** (m)	['to:nˌkʁu:k]
recipiente (m)	**Gefäß** (n)	[gə'fɛ:s]
pote (m)	**Topf** (m)	[tɔpf]
vaso (m)	**Vase** (f)	['va:zə]
frasco (~ de perfume)	**Flakon** (n)	[fla'kɔn]
frasquinho (ex. ~ de iodo)	**Fläschchen** (n)	['flɛʃçən]
tubo (~ de pasta dentífrica)	**Tube** (f)	['tu:bə]
saca (ex. ~ de açúcar)	**Sack** (m)	[zak]
saco (~ de plástico)	**Tüte** (f)	['ty:tə]
maço (m)	**Schachtel** (f)	['ʃaχtəl]
caixa (~ de sapatos, etc.)	**Karton** (m)	[kaʁ'tɔn]
caixa (~ de madeira)	**Kiste** (f)	['kɪstə]
cesta (f)	**Korb** (m)	[kɔʁp]

VERBOS PRINCIPAIS

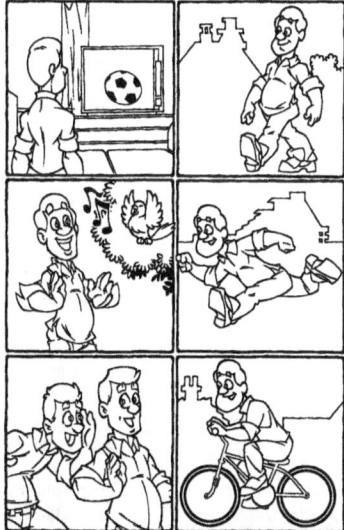

T&P Books Publishing

abrir (vt)	**öffnen** (vt)	['œfnən]
acabar, terminar (vt)	**beenden** (vt)	[bə'ʔɛndən]
aconselhar (vt)	**raten** (vt)	['ʀa:tən]
adivinhar (vt)	**richtig raten** (vt)	['ʀɪçtɪç 'ʀa:tən]
advertir (vt)	**warnen** (vt)	['vaʀnən]
ajudar (vt)	**helfen** (vi)	['hɛlfən]
almoçar (vi)	**zu Mittag essen**	[tsu 'mɪta:k 'ɛsən]
alugar (~ um apartamento)	**mieten** (vt)	['mi:tən]
amar (vt)	**lieben** (vt)	['li:bən]
ameaçar (vt)	**drohen** (vi)	['dʀo:ən]
anotar (escrever)	**aufschreiben** (vt)	['aufˌʃʀaɪbən]
apanhar (vt)	**fangen** (vt)	['faŋən]
arrepender-se (vp)	**bedauern** (vt)	[bə'dauɐn]
assinar (vt)	**unterschreiben** (vt)	[ˌʊntɐ'ʃʀaɪbən]
atirar, disparar (vi)	**schießen** (vi)	['ʃi:sən]
banhar-se (vp)	**schwimmen gehen**	['ʃvɪmən 'ge:ən]
brincar (vi)	**Witz machen**	[vɪts 'maxən]
brincar, jogar (crianças)	**spielen** (vi, vt)	['ʃpi:lən]
buscar (vt)	**suchen** (vt)	['zu:xən]
caçar (vi)	**jagen** (vi)	['jagən]
cair (vi)	**fallen** (vi)	['falən]
cavar (vt)	**graben** (vt)	['gʀa:bən]
cessar (vt)	**einstellen** (vt)	['aɪnˌʃtɛlən]
chamar (~ por socorro)	**rufen** (vi)	['ʀu:fən]
chegar (vi)	**ankommen** (vi)	['anˌkɔmən]
chorar (vi)	**weinen** (vi)	['vaɪnən]
começar (vt)	**beginnen** (vt)	[bə'gɪnən]
comparar (vt)	**vergleichen** (vt)	[fɛɐ'glaɪçən]
compreender (vt)	**verstehen** (vt)	[fɛɐ'ʃte:ən]
confiar (vt)	**vertrauen** (vi)	[fɛɐ'tʀauən]
confundir (equivocar-se)	**verwechseln** (vt)	[fɛɐ'vɛksəln]
conhecer (vt)	**kennen** (vt)	['kɛnən]
contar (fazer contas)	**rechnen** (vt)	['ʀɛçnən]
contar com (esperar)	**auf ... zählen**	[auf ... 'tsɛ:lən]
continuar (vt)	**fortsetzen** (vt)	['fɔʀtˌzɛtsən]
controlar (vt)	**kontrollieren** (vt)	[kɔntʀo'li:ʀən]
convidar (vt)	**einladen** (vt)	['aɪnˌla:dən]

correr (vi)	laufen (vi)	['laufən]
criar (vt)	schaffen (vt)	['ʃafən]
custar (vt)	kosten (vt)	['kɔstən]

14. Os verbos mais importantes. Parte 2

dar (vt)	geben (vt)	['ge:bən]
dar uma dica	andeuten (vt)	['anˌdɔɪtən]
decorar (enfeitar)	schmücken (vt)	['ʃmʏkən]
defender (vt)	verteidigen (vt)	[fɛɐ'taɪdɪgən]
deixar cair (vt)	fallen lassen	['falən 'lasən]

descer (para baixo)	herabsteigen (vi)	[hɛ'ʀapˌʃtaɪgən]
desculpar-se (vp)	sich entschuldigen	[zɪç ɛnt'ʃʊldɪgən]
dirigir (~ uma empresa)	leiten (vt)	['laɪtən]
discutir (notícias, etc.)	besprechen (vt)	[bə'ʃpʀɛçən]

dizer (vt)	sagen (vt)	['za:gən]
duvidar (vt)	zweifeln (vi)	['tsvaɪfəln]
encontrar (achar)	finden (vt)	['fɪndən]
enganar (vt)	täuschen (vt)	['tɔɪʃən]
entrar (na sala, etc.)	hereinkommen (vi)	[hɛ'ʀaɪnˌkɔmən]

enviar (uma carta)	abschicken (vt)	['apˌʃɪkən]
errar (equivocar-se)	sich irren	[zɪç 'ɪʀən]
escolher (vt)	wählen (vt)	['vɛ:lən]
esconder (vt)	verstecken (vt)	[fɛɐ'ʃtɛkən]
escrever (vt)	schreiben (vi, vt)	['ʃʀaɪbən]
esperar (o autocarro, etc.)	warten (vi)	['vaʁtən]

| esperar (ter esperança) | hoffen (vi) | ['hɔfən] |
| esquecer (vi, vt) | vergessen (vt) | [fɛɐ'gɛsən] |

| estar com pressa | sich beeilen | [zɪç bə'ʔaɪlən] |
| estar de acordo | zustimmen (vi) | ['tsu:ˌʃtɪmən] |

estudar (vt)	lernen (vt)	['lɛʁnən]
exigir (vt)	verlangen (vt)	[fɛɐ'laŋən]
existir (vi)	existieren (vi)	[ˌɛksɪs'ti:ʀən]
explicar (vt)	erklären (vt)	[ɛɐ'klɛ:ʀən]

| falar (vi) | sprechen (vi) | ['ʃpʀɛçən] |
| faltar (clases, etc.) | versäumen (vt) | [fɛɐ'zɔɪmən] |

fazer (vt)	machen (vt)	['maxən]
ficar em silêncio	schweigen (vi)	['ʃvaɪgən]
gabar-se, jactar-se (vp)	prahlen (vi)	['pʀa:lən]
gostar (apreciar)	gefallen (vi)	[gə'falən]
gritar (vi)	schreien (vi)	['ʃʀaɪən]
guardar (cartas, etc.)	aufbewahren (vt)	['aufbəˌva:ʀən]

15. Os verbos mais importantes. Parte 3

informar (vt)	informieren (vt)	[ɪnfɔʁ'miːʁən]
insistir (vi)	bestehen (vi)	[bə'ʃteːən]
insultar (vt)	kränken (vt)	['kʁɛŋkən]
interessar-se (vp)	sich interessieren	[zɪç ɪntəʁɛ'siːʁən]
ir (a pé)	gehen (vi)	['geːən]
jantar (vi)	zu Abend essen	[tsu 'aːbənt 'ɛsən]
ler (vt)	lesen (vi, vt)	['leːzən]
libertar (cidade, etc.)	befreien (vt)	[bə'fʁaɪən]
matar (vt)	ermorden (vt)	[ɛɐ'mɔʁdən]
mencionar (vt)	erwähnen (vt)	[ɛɐ'vɛːnən]
mostrar (vt)	zeigen (vt)	['tsaɪgən]
mudar (modificar)	ändern (vt)	['ɛndən]
nadar (vi)	schwimmen (vi)	['ʃvɪmən]
negar-se (vt)	sich weigern	[zɪç 'vaɪgən]
objetar (vt)	einwenden (vt)	['aɪnˌvɛndən]
observar (vt)	beobachten (vt)	[bə'ʔoːbaxtən]
ordenar (mil.)	befehlen (vt)	[ˌbə'feːlən]
ouvir (vt)	hören (vt)	['høːʁən]
pagar (vt)	zahlen (vt)	['tsaːlən]
parar (vi)	stoppen (vt)	['ʃtɔpən]
participar (vi)	teilnehmen (vi)	['taɪlˌneːmən]
pedir (comida)	bestellen (vt)	[bə'ʃtɛlən]
pedir (um favor, etc.)	bitten (vt)	['bɪtən]
pegar (tomar)	nehmen (vt)	['neːmən]
pensar (vt)	denken (vi, vt)	['dɛŋkən]
perceber (ver)	bemerken (vt)	[bə'mɛʁkən]
perdoar (vt)	verzeihen (vt)	[fɛɐ'tsaɪən]
perguntar (vt)	fragen (vt)	['fʁaːgən]
permitir (vt)	erlauben (vt)	[ɛɐ'laʊbən]
pertencer (vt)	gehören (vi)	[gə'høːʁən]
planear (vt)	planen (vt)	['plaːnən]
poder (v aux)	können (v mod)	['kœnən]
possuir (vt)	besitzen (vt)	[bə'zɪtsən]
preferir (vt)	vorziehen (vt)	['foɐˌtsiːən]
preparar (vt)	zubereiten (vt)	['tsuːbəˌʁaɪtən]
prever (vt)	voraussehen (vt)	[fo'ʁaʊsˌzeːən]
prometer (vt)	versprechen (vt)	[fɛɐ'ʃpʁɛçən]
pronunciar (vt)	aussprechen (vt)	['aʊsˌʃpʁɛçən]
propor (vt)	vorschlagen (vt)	['foːɐʃlaːgən]
punir, castigar (vt)	bestrafen (vt)	[bə'ʃtʁaːfən]
quebrar (vt)	brechen (vt)	['bʁɛçən]

| queixar-se (vp) | klagen (vi) | ['kla:gən] |
| querer (desejar) | wollen (vt) | ['vɔlən] |

16. Os verbos mais importantes. Parte 4

recomendar (vt)	empfehlen (vt)	[ɛm'pfe:lən]
repetir (dizer outra vez)	noch einmal sagen	[nɔχ 'aɪnmaːl 'zaːgən]
repreender (vt)	schelten (vt)	['ʃɛltən]
reservar (~ um quarto)	reservieren (vt)	[ʀɛzɛʀ'viːʀən]
responder (vt)	antworten (vi)	['antˌvɔʀtən]

rezar, orar (vi)	beten (vi)	['beːtən]
rir-se (vi)	lachen (vi)	['laχən]
roubar (vt)	stehlen (vt)	['ʃteːlən]
saber (vt)	wissen (vt)	['vɪsən]
sair (~ de casa)	ausgehen (vi)	['aʊsˌgeːən]
salvar (vt)	retten (vt)	['ʀɛtən]

seguir ...	folgen (vi)	['fɔlgən]
sentar-se (vp)	sich setzen	[zɪç 'zɛtsən]
ser necessário	nötig sein	['nøːtɪç zaɪn]
ser, estar	sein (vi)	[zaɪn]

significar (vt)	bedeuten (vt)	[bə'dɔɪtən]
sorrir (vi)	lächeln (vi)	['lɛçəln]
subestimar (vt)	unterschätzen (vt)	[ˌʊntɐ'ʃɛtsən]
surpreender-se (vp)	staunen (vi)	['ʃtaunən]
tentar (vt)	versuchen (vt)	[fɛɐ'zuːχən]

ter (vt)	haben (vt)	[haːbən]
ter fome	hungrig sein	['hʊŋʀɪç zaɪn]
ter medo	Angst haben	['aŋst 'haːbən]

ter sede	Durst haben	['dʊʀst 'haːbən]
tocar (com as mãos)	berühren (vt)	[bə'ʀyːʀən]
tomar o pequeno-almoço	frühstücken (vi)	['fʀyːʃtʏkən]
trabalhar (vi)	arbeiten (vi)	['aʀbaɪtən]
traduzir (vt)	übersetzen (vt)	[ˌyːbɐ'zɛtsən]

unir (vt)	vereinigen (vt)	[fɛɐ'ʔaɪnɪgən]
vender (vt)	verkaufen (vt)	[fɛɐ'kaʊfən]
ver (vt)	sehen (vi, vt)	['zeːən]
virar (ex. ~ à direita)	abbiegen (vi)	['apˌbiːgən]
voar (vi)	fliegen (vi)	['fliːgən]

TEMPO. CALENDÁRIO

T&P Books Publishing

17. Dias da semana

segunda-feira (f)	**Montag** (m)	['moːntaːk]
terça-feira (f)	**Dienstag** (m)	['diːnstaːk]
quarta-feira (f)	**Mittwoch** (m)	['mɪtvɔx]
quinta-feira (f)	**Donnerstag** (m)	['dɔnɐstaːk]
sexta-feira (f)	**Freitag** (m)	['fʀaɪtaːk]
sábado (m)	**Samstag** (m)	['zamstaːk]
domingo (m)	**Sonntag** (m)	['zɔntaːk]
hoje	**heute**	['hɔɪtə]
amanhã	**morgen**	['mɔʁɡən]
depois de amanhã	**übermorgen**	['yːbɐˌmɔʁɡən]
ontem	**gestern**	['ɡɛstɐn]
anteontem	**vorgestern**	['foːɐɡɛstɐn]
dia (m)	**Tag** (m)	[taːk]
dia (m) de trabalho	**Arbeitstag** (m)	['aʁbaɪtsˌtaːk]
feriado (m)	**Feiertag** (m)	['faɪɐˌtaːk]
dia (m) de folga	**freier Tag** (m)	['fʀaɪɐ taːk]
fim (m) de semana	**Wochenende** (n)	['vɔxənˌʔɛndə]
o dia todo	**den ganzen Tag**	[den 'ɡantsən 'taːk]
no dia seguinte	**am nächsten Tag**	[am 'nɛːçstən taːk]
há dois dias	**zwei Tage vorher**	[tsvaɪ 'taːɡə 'foːɐheːɐ]
na véspera	**am Vortag**	[am 'foːɐˌtaːk]
diário	**täglich**	['tɛːklɪç]
todos os dias	**täglich**	['tɛːklɪç]
semana (f)	**Woche** (f)	['vɔxə]
na semana passada	**letzte Woche**	['lɛtstə 'vɔxə]
na próxima semana	**nächste Woche**	['nɛːçstə 'vɔxə]
semanal	**wöchentlich**	['vœçəntlɪç]
cada semana	**wöchentlich**	['vœçəntlɪç]
duas vezes por semana	**zweimal pro Woche**	['tsvaɪmaːl pʀɔ 'vɔxə]
cada terça-feira	**jeden Dienstag**	['jeːdən 'diːnstaːk]

18. Horas. Dia e noite

manhã (f)	**Morgen** (m)	['mɔʁɡən]
de manhã	**morgens**	['mɔʁɡəns]
meio-dia (m)	**Mittag** (m)	['mɪtaːk]
à tarde	**nachmittags**	['naːxmɪˌtaːks]
noite (f)	**Abend** (m)	['aːbənt]

à noite (noitinha)	abends	['a:bənts]
noite (f)	Nacht (f)	[naχt]
à noite	nachts	[naχts]
meia-noite (f)	Mitternacht (f)	['mɪtɐˌnaχt]

segundo (m)	Sekunde (f)	[ze'kʊndə]
minuto (m)	Minute (f)	[mi'nu:tə]
hora (f)	Stunde (f)	['ʃtʊndə]
meia hora (f)	eine halbe Stunde	['aɪnə 'halbə 'ʃtʊndə]
quarto (m) de hora	Viertelstunde (f)	['fɪʁtəlˌʃtʊndə]
quinze minutos	fünfzehn Minuten	['fʏnftse:n mi'nu:tən]
vinte e quatro horas	Tag und Nacht	['ta:k ʊnt 'naχt]

nascer (m) do sol	Sonnenaufgang (m)	['zɔnənˌʔaʊfgaŋ]
amanhecer (m)	Morgendämmerung (f)	['mɔʁgənˌdɛməʁʊŋ]
madrugada (f)	früher Morgen (m)	['fʁy:ɐ 'mɔʁgən]
pôr do sol (m)	Sonnenuntergang (m)	['zɔnənˌʔʊntɐgaŋ]

de madrugada	früh am Morgen	[fʁy: am 'mɔʁgən]
hoje de manhã	heute morgen	['hɔɪtə 'mɔʁgən]
amanhã de manhã	morgen früh	['mɔʁgən fʁy:]

hoje à tarde	heute Mittag	['hɔɪtə 'mɪta:k]
à tarde	nachmittags	['na:χmɪˌta:ks]
amanhã à tarde	morgen Nachmittag	['mɔʁgən 'na:χmɪˌta:k]

hoje à noite	heute Abend	['hɔɪtə 'a:bənt]
amanhã à noite	morgen Abend	['mɔʁgən 'a:bənt]

às três horas em ponto	Punkt drei Uhr	[pʊŋkt dʁaɪ u:ɐ]
por volta das quatro	gegen vier Uhr	['ge:gn fi:ɐ u:ɐ]
às doze	um zwölf Uhr	[ʊm tsvœlf u:ɐ]

dentro de vinte minutos	in zwanzig Minuten	[ɪn 'tsvantsɪç mi'nu:tən]
dentro duma hora	in einer Stunde	[ɪn 'aɪnɐ 'ʃtʊndə]
a tempo	rechtzeitig	['ʁɛçtˌtsaɪtɪç]

menos um quarto	Viertel vor …	['fɪʁtəl fo:ɐ]
durante uma hora	innerhalb einer Stunde	['ɪnəhalp 'aɪnɐ 'ʃtʊndə]
a cada quinze minutos	alle fünfzehn Minuten	['alə 'fʏnftse:n mi'nu:tən]
as vinte e quatro horas	Tag und Nacht	['ta:k ʊnt 'naχt]

19. Meses. Estações

janeiro (m)	Januar (m)	['janua:ɐ]
fevereiro (m)	Februar (m)	['fe:bʁua:ɐ]
março (m)	März (m)	[mɛʁts]
abril (m)	April (m)	[a'pʁɪl]
maio (m)	Mai (m)	[maɪ]
junho (m)	Juni (m)	['ju:ni]

julho (m)	Juli (m)	['juːli]
agosto (m)	August (m)	[aʊˈɡʊst]
setembro (m)	September (m)	[zɛpˈtɛmbɐ]
outubro (m)	Oktober (m)	[ɔkˈtoːbɐ]
novembro (m)	November (m)	[noˈvɛmbɐ]
dezembro (m)	Dezember (m)	[deˈtsɛmbɐ]

primavera (f)	Frühling (m)	[ˈfʀyːlɪŋ]
na primavera	im Frühling	[ɪm ˈfʀyːlɪŋ]
primaveril	Frühlings-	[ˈfʀyːlɪŋs]

verão (m)	Sommer (m)	[ˈzɔmɐ]
no verão	im Sommer	[ɪm ˈzɔmɐ]
de verão	Sommer-	[ˈzɔmɐ]

outono (m)	Herbst (m)	[hɛʁpst]
no outono	im Herbst	[ɪm hɛʁpst]
outonal	Herbst-	[hɛʁpst]

inverno (m)	Winter (m)	[ˈvɪntɐ]
no inverno	im Winter	[ɪm ˈvɪntɐ]
de inverno	Winter-	[ˈvɪntɐ]

mês (m)	Monat (m)	[ˈmoːnat]
este mês	in diesem Monat	[ɪn ˈdiːzəm ˈmoːnat]
no próximo mês	nächsten Monat	[ˈnɛːçstən ˈmoːnat]
no mês passado	letzten Monat	[ˈlɛtstən ˈmoːnat]

há um mês	vor einem Monat	[foːɐ ˈaɪnəm ˈmoːnat]
dentro de um mês	über eine Monat	[ˈyːbɐ ˈaɪnə ˈmoːnat]
dentro de dois meses	über zwei Monaten	[ˈyːbɐ tsvaɪ ˈmoːnatən]
todo o mês	einen ganzen Monat	[ˈaɪnən ˈɡantsən ˈmoːnat]
um mês inteiro	einen ganzen Monat	[ˈaɪnən ˈɡantsən ˈmoːnat]

mensal	monatlich	[ˈmoːnatlɪç]
mensalmente	monatlich	[ˈmoːnatlɪç]
cada mês	jeden Monat	[ˈjeːdən ˈmoːnat]
duas vezes por mês	zweimal pro Monat	[ˈtsvaɪmaːl pʀɔ ˈmoːnat]

ano (m)	Jahr (n)	[jaːɐ]
este ano	dieses Jahr	[ˈdiːzəs jaːɐ]
no próximo ano	nächstes Jahr	[ˈnɛːçstəs jaːɐ]
no ano passado	voriges Jahr	[ˈfoːʀɪɡəs jaːɐ]

há um ano	vor einem Jahr	[foːɐ ˈaɪnəm jaːɐ]
dentro dum ano	über ein Jahr	[ˈyːbɐ aɪn jaːɐ]
dentro de 2 anos	über zwei Jahre	[ˈyːbɐ tsvaɪ ˈjaːʀə]
todo o ano	ein ganzes Jahr	[aɪn ˈɡantsəs jaːɐ]
um ano inteiro	ein ganzes Jahr	[aɪn ˈɡantsəs jaːɐ]

| cada ano | jedes Jahr | [ˈjeːdəs jaːɐ] |
| anual | jährlich | [ˈjɛːɐlɪç] |

| anualmente | jährlich | ['jɛ:elɪç] |
| quatro vezes por ano | viermal pro Jahr | ['fi:ema:l pʀɔ ja:ɐ] |

data (~ de hoje)	Datum (n)	['da:tʊm]
data (ex. ~ de nascimento)	Datum (n)	['da:tʊm]
calendário (m)	Kalender (m)	[ka'lɛndɐ]

meio ano	ein halbes Jahr	[aɪn 'halbəs ja:ɐ]
seis meses	Halbjahr (n)	['halpja:ɐ]
estação (f)	Saison (f)	[zɛ'zɔŋ]
século (m)	Jahrhundert (n)	[ja:ɐ'hʊndɐt]

VIAGENS. HOTEL

T&P Books Publishing

turismo (m)	**Tourismus** (m)	[tu'ʀɪsmʊs]
turista (m)	**Tourist** (m)	[tu'ʀɪst]
viagem (f)	**Reise** (f)	['ʀaɪzə]
aventura (f)	**Abenteuer** (n)	['a:bəntɔɪɐ]
viagem (f)	**Fahrt** (f)	[fa:ɐt]
férias (f pl)	**Urlaub** (m)	['u:ɐˌlaʊp]
estar de férias	**auf Urlaub sein**	[aʊf 'u:ɐˌlaʊp zaɪn]
descanso (m)	**Erholung** (f)	[ɛɐ'ho:lʊŋ]
comboio (m)	**Zug** (m)	[tsu:k]
de comboio (chegar ~)	**mit dem Zug**	[mɪt dem tsu:k]
avião (m)	**Flugzeug** (n)	['flu:kˌtsɔɪk]
de avião	**mit dem Flugzeug**	[mɪt dem 'flu:kˌtsɔɪk]
de carro	**mit dem Auto**	[mɪt dem 'aʊto]
de navio	**mit dem Schiff**	[mɪt dem ʃɪf]
bagagem (f)	**Gepäck** (n)	[gə'pɛk]
mala (f)	**Koffer** (m)	['kɔfɐ]
carrinho (m)	**Gepäckwagen** (m)	[gə'pɛkˌva:gən]
passaporte (m)	**Pass** (m)	[pas]
visto (m)	**Visum** (n)	['vi:zʊm]
bilhete (m)	**Fahrkarte** (f)	['fa:ɐˌkaɐtə]
bilhete (m) de avião	**Flugticket** (n)	['flu:kˌtɪkət]
guia (m) de viagem	**Reiseführer** (m)	['ʀaɪzəˌfy:ʀɐ]
mapa (m)	**Landkarte** (f)	['lantˌkaɐtə]
local (m), area (f)	**Gegend** (f)	['ge:gənt]
lugar, sítio (m)	**Ort** (m)	[ɔɐt]
exotismo (m)	**Exotika** (pl)	[ɛ'kso:tika]
exótico	**exotisch**	[ɛ'kso:tɪʃ]
surpreendente	**erstaunlich**	[ɛɐ'ʃtaʊnlɪç]
grupo (m)	**Gruppe** (f)	['gʀʊpə]
excursão (f)	**Ausflug** (m)	['aʊsˌflu:k]
guia (m)	**Reiseleiter** (m)	['ʀaɪzəˌlaɪtɐ]

21. Hotel

hotel (m)	**Hotel** (n)	[ho'tɛl]
motel (m)	**Motel** (n)	[mo'tɛl]

três estrelas	drei Sterne	[dʀaɪ 'ʃtɛʀnə]
cinco estrelas	fünf Sterne	[fʏnf 'ʃtɛʀnə]
ficar (~ num hotel)	absteigen (vi)	['apˌʃtaɪgən]
quarto (m)	Hotelzimmer (n)	[ho'tɛlˌtsɪmɐ]
quarto (m) individual	Einzelzimmer (n)	['aɪntsəlˌtsɪmɐ]
quarto (m) duplo	Zweibettzimmer (n)	['tsvaɪbɛtˌtsɪmɐ]
reservar um quarto	reservieren (vt)	[ʀezɛʀ'vi:ʀən]
meia pensão (f)	Halbpension (f)	['halp·panˌzjo:n]
pensão (f) completa	Vollpension (f)	['fɔl·panˌzjo:n]
com banheira	mit Bad	[mɪt 'ba:t]
com duche	mit Dusche	[mɪt 'du:ʃə]
televisão (m) satélite	Satellitenfernsehen (n)	[zatɛ'li:tənˌfɛʀnze:ən]
ar (m) condicionado	Klimaanlage (f)	['kli:maˌʔanla:gə]
toalha (f)	Handtuch (n)	['hantˌtu:x]
chave (f)	Schlüssel (m)	['ʃlʏsəl]
administrador (m)	Verwalter (m)	[fɛɐ'valtɐ]
camareira (f)	Zimmermädchen (n)	['tsɪmɐˌmɛ:tçən]
bagageiro (m)	Träger (m)	['tʀɛ:gɐ]
porteiro (m)	Portier (m)	[pɔʀ'tɪe:]
restaurante (m)	Restaurant (n)	[ʀɛsto'ʀaŋ]
bar (m)	Bar (f)	[ba:ɐ]
pequeno-almoço (m)	Frühstück (n)	['fʀy:ʃtʏk]
jantar (m)	Abendessen (n)	['a:bəntˌʔɛsən]
buffet (m)	Buffet (n)	[bʏ'fe:]
hall (m) de entrada	Foyer (n)	[foa'je:]
elevador (m)	Aufzug (m), Fahrstuhl (m)	['aʊfˌtsu:k], ['fa:ɐˌʃtu:l]
NÃO PERTURBE	BITTE NICHT STÖREN!	['bɪtə nɪçt 'ʃtø:ʀən]
PROIBIDO FUMAR!	RAUCHEN VERBOTEN!	['ʀaʊxən fɛɐ'bo:tən]

22. Turismo

monumento (m)	Denkmal (n)	['dɛŋkˌma:l]
fortaleza (f)	Festung (f)	['fɛstʊŋ]
palácio (m)	Palast (m)	[pa'last]
castelo (m)	Schloss (n)	[ʃlɔs]
torre (f)	Turm (m)	[tʊʀm]
mausoléu (m)	Mausoleum (n)	[ˌmaʊzo'le:ʊm]
arquitetura (f)	Architektur (f)	[aʀçitɛk'tu:ɐ]
medieval	mittelalterlich	['mɪtəlˌʔaltɐlɪç]
antigo	alt	[alt]
nacional	national	[natsjo'na:l]
conhecido	berühmt	[bə'ʀy:mt]

turista (m)	Tourist (m)	[tuˈʀɪst]
guia (pessoa)	Fremdenführer (m)	[ˈfʀɛmdənˌfyːʀɐ]
excursão (f)	Ausflug (m)	[ˈaʊsˌfluːk]
mostrar (vt)	zeigen (vt)	[ˈtsaɪɡən]
contar (vt)	erzählen (vt)	[ɛɐˈtsɛːlən]

encontrar (vt)	finden (vt)	[ˈfɪndən]
perder-se (vp)	sich verlieren	[zɪç fɛɐˈliːbən]
mapa (~ do metrô)	Karte (f)	[ˈkaʁtə]
mapa (~ da cidade)	Karte (f)	[ˈkaʁtə]

lembrança (f), presente (m)	Souvenir (n)	[zuvəˌniːɐ]
loja (f) de presentes	Souvenirladen (m)	[zuvəˌniːɐˈlaːdən]
fotografar (vt)	fotografieren (vt)	[fotoɡʁaˈfiːʀən]
fotografar-se	sich fotografieren	[zɪç fotoɡʁaˈfiːʀən]

T&P BOOKS

TRANSPORTES

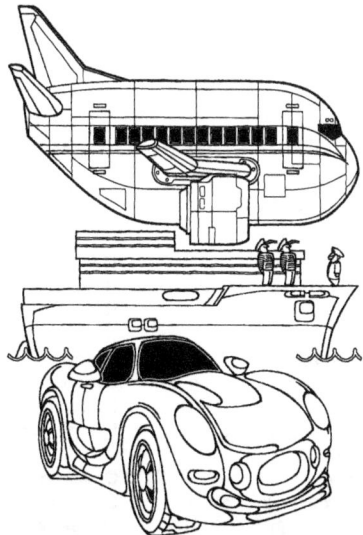

T&P Books Publishing

aeroporto (m)	Flughafen (m)	['fluːkˌhaːfən]
avião (m)	Flugzeug (n)	['fluːkˌtsɔɪk]
companhia (f) aérea	Fluggesellschaft (f)	['fluːkgəˌzɛlʃaft]
controlador (m) de tráfego aéreo	Fluglotse (m)	['fluːkˌloːtsə]
partida (f)	Abflug (m)	['apˌfluːk]
chegada (f)	Ankunft (f)	['ankʊnft]
chegar (~ de avião)	anfliegen (vi)	['anˌfliːgən]
hora (f) de partida	Abflugzeit (f)	['apfluːkˌtsaɪt]
hora (f) de chegada	Ankunftszeit (f)	['ankʊnftsˌtsaɪt]
estar atrasado	sich verspäten	[zɪç fɛɐ'ʃpɛːtən]
atraso (m) de voo	Abflugverspätung (f)	['apfluːkˌfɛɐ'ʃpɛːtʊŋ]
painel (m) de informação	Anzeigetafel (f)	['antsaɪgəˌtaːfəl]
informação (f)	Information (f)	[ɪnfɔʁma'tsjoːn]
anunciar (vt)	anzeigen (vt)	['anˌtsaɪgən]
voo (m)	Flug (m)	[fluːk]
alfândega (f)	Zollamt (n)	['tsɔlˌʔamt]
funcionário (m) da alfândega	Zollbeamter (m)	['tsɔlbəˌʔamtɐ]
declaração (f) alfandegária	Zolldeklaration (f)	['tsɔl·deklaʁa'tsjoːn]
preencher (vt)	ausfüllen (vt)	['aʊsˌfʏlən]
preencher a declaração	die Zollerklärung ausfüllen	[di 'tsɔl·ɛɐ'klɛːʁʊŋ 'aʊsˌfʏlən]
controlo (m) de passaportes	Passkontrolle (f)	['pas·kɔnˌtʁɔlə]
bagagem (f)	Gepäck (n)	[gə'pɛk]
bagagem (f) de mão	Handgepäck (n)	['hant·gəˌpɛk]
carrinho (m)	Kofferkuli (m)	['kɔfɐˌkuːli]
aterragem (f)	Landung (f)	['landʊŋ]
pista (f) de aterragem	Landebahn (f)	['landəˌbaːn]
aterrar (vi)	landen (vi)	['landən]
escada (f) de avião	Fluggasttreppe (f)	['fluːkgastˌtʁɛpə]
check-in (m)	Check-in (n)	[tʃɛk?in]
balcão (m) do check-in	Check-in-Schalter (m)	[tʃɛk?in 'ʃaltɐ]
fazer o check-in	sich registrieren lassen	[zɪç ʁegɪs'tʁiːʁən 'lasən]

| cartão (m) de embarque | Bordkarte (f) | ['bɔʁtˌkaʁtə] |
| porta (f) de embarque | Abfluggate (n) | ['apfluːkˌgeɪt] |

trânsito (m)	Transit (m)	[tʀanˈziːt]
esperar (vi, vt)	warten (vi)	['vaʁtən]
sala (f) de espera	Wartesaal (m)	['vaʁtəˌzaːl]
despedir-se de ...	begleiten (vt)	[bəˈglaɪtən]
dizer adeus	sich verabschieden	[zɪç fɛɐ̯ˈapˌʃiːdən]

24. Avião

avião (m)	Flugzeug (n)	['fluːkˌtsɔɪk]
bilhete (m) de avião	Flugticket (n)	['fluːkˌtɪkət]
companhia (f) aérea	Fluggesellschaft (f)	['fluːkgəˌzɛlʃaft]
aeroporto (m)	Flughafen (m)	['fluːkˌhaːfən]
supersónico	Überschall-	['yːbɐˌʃal]

comandante (m) do avião	Flugkapitän (m)	['fluːk·kapiˌtɛːn]
tripulação (f)	Besatzung (f)	[bəˈzatsʊŋ]
piloto (m)	Pilot (m)	[piˈloːt]
hospedeira (f) de bordo	Flugbegleiterin (f)	['fluːk·bəˌglaɪtəʀɪn]
copiloto (m)	Steuermann (m)	['ʃtɔɪɐˌman]

asas (f pl)	Flügel (pl)	['flyːgəl]
cauda (f)	Schwanz (m)	[ʃvants]
cabine (f) de pilotagem	Kabine (f)	[kaˈbiːnə]
motor (m)	Motor (m)	['moːtoːɐ̯]
trem (m) de aterragem	Fahrgestell (n)	['faːɐ̯·gəˌʃtɛl]
turbina (f)	Turbine (f)	[tʊʁˈbiːnə]

hélice (f)	Propeller (m)	[pʀoˈpɛlɐ]
caixa (f) negra	Flugschreiber (m)	['fluːkˌʃʀaɪbɐ]
coluna (f) de controle	Steuerrad (n)	['ʃtɔɪɐˌʀaːt]
combustível (m)	Treibstoff (m)	['tʀaɪpˌʃtɔf]

instruções (f pl) de segurança	Sicherheitskarte (f)	['zɪçɐhaɪtsˌkaʁtə]
máscara (f) de oxigénio	Sauerstoffmaske (f)	['zaʊɐʃtɔfˌmaskə]
uniforme (m)	Uniform (f)	['ʊniˌfɔʁm]
colete (m) salva-vidas	Rettungsweste (f)	['ʀɛtʊŋsˌvɛstə]
paraquedas (m)	Fallschirm (m)	['falˌʃɪʁm]

descolagem (f)	Abflug, Start (m)	['apˌfluːk], [ʃtaʁt]
descolar (vi)	aufsteigen, starten (vi)	['aʊfʃtaɪgən], ['ʃtaʁtən]
pista (f) de descolagem	Startbahn (f)	['ʃtaʁtbaːn]

visibilidade (f)	Sicht (f)	[zɪçt]
voo (m)	Flug (m)	[fluːk]
altura (f)	Höhe (f)	['høːə]
poço (m) de ar	Luftloch (n)	['lʊftˌlɔx]

assento (m)	Platz (m)	[plats]
auscultadores (m pl)	Kopfhörer (m)	['kɔpfˌhøːʀɐ]
mesa (f) rebatível	Klapptisch (m)	['klapˌtɪʃ]
vigia (f)	Bullauge (n)	['bʊlˌʔaʊɡə]
passagem (f)	Durchgang (m)	['dʊʁçˌɡaŋ]

25. Comboio

comboio (m)	Zug (m)	[tsuːk]
comboio (m) suburbano	elektrischer Zug (m)	[e'lɛktʀɪʃe tsuːk]
comboio (m) rápido	Schnellzug (m)	['ʃnɛlˌtsuːk]
locomotiva (f) diesel	Diesellok (f)	['diːzəlˌlɔk]
comboio (m) a vapor	Dampflok (f)	['dampfˌlɔk]
carruagem (f)	Personenwagen (m)	[pɛʁ'zoːnənˌvaːɡən]
carruagem restaurante (f)	Speisewagen (m)	['ʃpaɪzəˌvaːɡən]
trilhos (m pl)	Schienen (pl)	['ʃiːnən]
caminho de ferro (m)	Eisenbahn (f)	['aɪzən·baːn]
travessa (f)	Bahnschwelle (f)	['baːnˌʃvɛlə]
plataforma (f)	Bahnsteig (m)	['baːnˌʃtaɪk]
linha (f)	Gleis (n)	['ɡlaɪs]
semáforo (m)	Eisenbahnsignal (n)	['aɪzənbaːn·zɪ'ɡnaːl]
estação (f)	Station (f)	[ʃta'tsjoːn]
maquinista (m)	Lokführer (m)	['lɔkˌfyːʀɐ]
bagageiro (m)	Träger (m)	['tʀɛːɡə]
condutor (m)	Schaffner (m)	['ʃafnɐ]
passageiro (m)	Fahrgast (m)	['faːɐˌɡast]
revisor (m)	Kontrolleur (m)	[kɔntʀɔ'løːɐ]
corredor (m)	Flur (m)	[fluːɐ]
freio (m) de emergência	Notbremse (f)	['noːtˌbʀɛmzə]
compartimento (m)	Abteil (n)	[ap'taɪl]
cama (f)	Liegeplatz (m),	['liːɡəˌplats],
	Schlafkoje (f)	['ʃlaːfˌkoːjə]
cama (f) de cima	oberer Liegeplatz (m)	['oːbəʀɐ 'liːɡəˌplats]
cama (f) de baixo	unterer Liegeplatz (m)	['ʊntəʀɐ 'liːɡəˌplats]
roupa (f) de cama	Bettwäsche (f)	['bɛtˌvɛʃə]
bilhete (m)	Fahrkarte (f)	['faːɐˌkaʁtə]
horário (m)	Fahrplan (m)	['faːɐˌplaːn]
painel (m) de informação	Anzeigetafel (f)	['antsaɪɡəˌtaːfəl]
partir (vt)	abfahren (vi)	['apˌfaːʀən]
partida (f)	Abfahrt (f)	['apˌfaːɐt]
chegar (vi)	ankommen (vi)	['anˌkɔmən]
chegada (f)	Ankunft (f)	['ankʊnft]

chegar de comboio	mit dem Zug kommen	[mɪt dem tsu:k 'kɔmən]
apanhar o comboio	in den Zug einsteigen	[ɪn den tsu:k 'aɪnˌʃtaɪɡən]
sair do comboio	aus dem Zug aussteigen	['aʊs dem tsu:k 'aʊsˌʃtaɪɡən]

| acidente (m) ferroviário | Zugunglück (n) | ['tsu:kʔʊnˌɡlʏk] |
| descarrilar (vi) | entgleisen (vi) | [ɛnt'ɡlaɪzən] |

comboio (m) a vapor	Dampflok (f)	['dampfˌlɔk]
fogueiro (m)	Heizer (m)	['haɪtsɐ]
fornalha (f)	Feuerbuchse (f)	['fɔɪɐˌbʊksə]
carvão (m)	Kohle (f)	['ko:lə]

26. Barco

| navio (m) | Schiff (n) | [ʃɪf] |
| embarcação (f) | Fahrzeug (n) | ['fa:ɐˌtsɔɪk] |

vapor (m)	Dampfer (m)	['dampfɐ]
navio (m)	Motorschiff (n)	['mo:to:ɐˌʃɪf]
transatlântico (m)	Kreuzfahrtschiff (n)	['kʀɔɪtsfa:ɐtˌʃɪf]
cruzador (m)	Kreuzer (m)	['kʀɔɪtsɐ]

iate (m)	Jacht (f)	[jaχt]
rebocador (m)	Schlepper (m)	['ʃlɛpɐ]
barcaça (f)	Lastkahn (m)	[lastˌka:n]
ferry (m)	Fähre (f)	['fɛ:ʀə]

| veleiro (m) | Segelschiff (n) | ['ze:ɡəlˌʃɪf] |
| bergantim (m) | Brigantine (f) | [bʀɪɡan'ti:nə] |

| quebra-gelo (m) | Eisbrecher (m) | ['aɪsˌbʀɛçɐ] |
| submarino (m) | U-Boot (n) | ['u:bo:t] |

bote, barco (m)	Boot (n)	['bo:t]
bote, dingue (m)	Dingi (n)	['dɪŋɡi]
bote (m) salva-vidas	Rettungsboot (n)	['ʀɛtʊŋsˌbo:t]
lancha (f)	Motorboot (n)	['mo:to:ɐˌbo:t]

capitão (m)	Kapitän (m)	[kapi'tɛn]
marinheiro (m)	Matrose (m)	[ma'tʀo:zə]
marujo (m)	Seemann (m)	['ze:man]
tripulação (f)	Besatzung (f)	[bə'zatsʊŋ]

contramestre (m)	Bootsmann (m)	['bo:tsman]
grumete (m)	Schiffsjunge (m)	['ʃɪfsˌjʊŋə]
cozinheiro (m) de bordo	Schiffskoch (m)	['ʃɪfsˌkɔχ]
médico (m) de bordo	Schiffsarzt (m)	['ʃɪfsˌʔaʁtst]
convés (m)	Deck (n)	[dɛk]
mastro (m)	Mast (m)	[mast]

vela (f)	Segel (n)	[ˈzeːɡəl]
porão (m)	Schiffsraum (m)	[ˈʃɪfsˌʁaʊm]
proa (f)	Bug (m)	[buːk]
popa (f)	Heck (n)	[hɛk]
remo (m)	Ruder (n)	[ˈʁuːdɐ]
hélice (f)	Schraube (f)	[ˈʃʁaʊbə]

camarote (m)	Kajüte (f)	[kaˈjyːtə]
sala (f) dos oficiais	Messe (f)	[ˈmɛsə]
sala (f) das máquinas	Maschinenraum (m)	[maˈʃiːnənˌʁaʊm]
ponte (m) de comando	Brücke (f)	[ˈbʁʏkə]
sala (f) de comunicações	Funkraum (m)	[ˈfʊŋkˌʁaʊm]
onda (f) de rádio	Radiowelle (f)	[ˈʁaːdɪoˌvɛlə]
diário (m) de bordo	Schiffstagebuch (n)	[ˈʃɪfsˌtaːɡəbuːχ]

luneta (f)	Fernrohr (n)	[ˈfɛʁnˌʁoːɐ]
sino (m)	Glocke (f)	[ˈɡlɔkə]
bandeira (f)	Fahne (f)	[ˈfaːnə]

| cabo (m) | Seil (n) | [zaɪl] |
| nó (m) | Knoten (m) | [ˈknoːtən] |

| corrimão (m) | Geländer (n) | [ɡəˈlɛndɐ] |
| prancha (f) de embarque | Treppe (f) | [ˈtʁɛpə] |

âncora (f)	Anker (m)	[ˈaŋkɐ]
recolher a âncora	den Anker lichten	[den ˈaŋkɐ ˈlɪçtən]
lançar a âncora	Anker werfen	[ˈaŋkɐ ˌvɛʁfən]
amarra (f)	Ankerkette (f)	[ˈaŋkɐˌkɛtə]

porto (m)	Hafen (m)	[ˈhaːfən]
cais, amarradouro (m)	Anlegestelle (f)	[ˈanleːɡəˌʃtɛlə]
atracar (vi)	anlegen (vi)	[ˈanˌleːɡən]
desatracar (vi)	abstoßen (vt)	[ˈapˌʃtoːsən]

viagem (f)	Reise (f)	[ˈʁaɪzə]
cruzeiro (m)	Kreuzfahrt (f)	[ˈkʁɔɪtsˌfaːɐt]
rumo (m), rota (f)	Kurs (m)	[kʊʁs]
itinerário (m)	Reiseroute (f)	[ˈʁaɪzəˌʁuːtə]

canal (m) navegável	Fahrwasser (n)	[ˈfaːɐˌvasɐ]
baixio (m)	Untiefe (f)	[ˈʊnˌtiːfə]
encalhar (vt)	stranden (vi)	[ˈʃtʁandən]

tempestade (f)	Sturm (m)	[ʃtʊʁm]
sinal (m)	Signal (n)	[zɪˈɡnaːl]
afundar-se (vp)	untergehen (vi)	[ˈʊntɐˌɡeːən]
Homem ao mar!	Mann über Bord!	[man ˈyːbɐ bɔʁt]
SOS	SOS	[ɛsoːˈʔɛs]
boia (f) salva-vidas	Rettungsring (m)	[ˈʁɛtʊŋsˌʁɪŋ]

T&P BOOKS

CIDADE

T&P Books Publishing

27. Transportes urbanos

autocarro (m)	Bus (m)	[bʊs]
elétrico (m)	Straßenbahn (f)	['ʃtʀaːsənˌbaːn]
troleicarro (m)	Obus (m)	['oːbʊs]
itinerário (m)	Linie (f)	['liːniə]
número (m)	Nummer (f)	['nʊmɐ]
ir de ... (carro, etc.)	mit ... fahren	[mɪt ... 'faːʀən]
entrar (~ no autocarro)	einsteigen (vi)	['aɪnˌʃtaɪɡən]
descer de ...	aussteigen (vi)	['aʊsˌʃtaɪɡən]
paragem (f)	Haltestelle (f)	['haltəˌʃtɛlə]
próxima paragem (f)	nächste Haltestelle (f)	['nɛːçstə 'haltəˌʃtɛlə]
ponto (m) final	Endhaltestelle (f)	['ɛntˌhaltəʃtɛlə]
horário (m)	Fahrplan (m)	['faːɐˌplaːn]
esperar (vt)	warten (vi, vt)	['vaʀtən]
bilhete (m)	Fahrkarte (f)	['faːɐˌkaʀtə]
custo (m) do bilhete	Fahrpreis (m)	['faːɐˌpʀaɪs]
bilheteiro (m)	Kassierer (m)	[ka'siːʀɐ]
controlo (m) dos bilhetes	Fahrkartenkontrolle (f)	['faːɐˌkaʀtən·kɔn'tʀɔlə]
revisor (m)	Kontrolleur (m)	[kɔntʀɔ'løːɐ]
atrasar-se (vp)	sich verspäten	[zɪç fɛɐ'ʃpɛːtən]
perder (o autocarro, etc.)	versäumen (vt)	[fɛɐ'zɔɪmən]
estar com pressa	sich beeilen	[zɪç bə'ʔaɪlən]
táxi (m)	Taxi (n)	['taksi]
taxista (m)	Taxifahrer (m)	['taksiˌfaːʀɐ]
de táxi (ir ~)	mit dem Taxi	[mɪt dem 'taksi]
praça (f) de táxis	Taxistand (m)	['taksiˌʃtant]
chamar um táxi	ein Taxi bestellen	[aɪn 'taksi bə'ʃtɛlən]
apanhar um táxi	ein Taxi nehmen	[aɪn 'taksi 'neːmən]
tráfego (m)	Straßenverkehr (m)	['ʃtʀaːsən·fɛɐˌkeːɐ]
engarrafamento (m)	Stau (m)	[ʃtaʊ]
horas (f pl) de ponta	Hauptverkehrszeit (f)	['haʊpt·fɛɐ'keːɐsˌtsaɪt]
estacionar (vi)	parken (vi)	['paʀkən]
estacionar (vt)	parken (vt)	['paʀkən]
parque (m) de estacionamento	Parkplatz (m)	['paʀkˌplats]
metro (m)	U-Bahn (f)	['uːbaːn]
estação (f)	Station (f)	[ʃta'tsjoːn]

ir de metro	**mit der U-Bahn fahren**	[mɪt deːɐ 'uːbaːn 'faːʀən]
comboio (m)	**Zug** (m)	[tsuːk]
estação (f)	**Bahnhof** (m)	['baːnˌhoːf]

28. Cidade. Vida na cidade

cidade (f)	**Stadt** (f)	[ʃtat]
capital (f)	**Hauptstadt** (f)	['haʊptˌʃtat]
aldeia (f)	**Dorf** (n)	[dɔʁf]

mapa (m) da cidade	**Stadtplan** (m)	['ʃtatˌplaːn]
centro (m) da cidade	**Stadtzentrum** (n)	['ʃtatˌtsɛntʀʊm]
subúrbio (m)	**Vorort** (m)	['foːɐˌʔɔʁt]
suburbano	**Vorort-**	['foːɐˌʔɔʁt]

periferia (f)	**Stadtrand** (m)	['ʃtatˌʀant]
arredores (m pl)	**Umgebung** (f)	[ʊm'geːbʊŋ]
quarteirão (m)	**Stadtviertel** (n)	['ʃtatˌfɪʁtəl]
quarteirão (m) residencial	**Wohnblock** (m)	['voːnˌblɔk]

tráfego (m)	**Straßenverkehr** (m)	['ʃtʀaːsənˈfɛɐˌkeːɐ]
semáforo (m)	**Ampel** (f)	['ampəl]
transporte (m) público	**Stadtverkehr** (m)	['ʃtatˈfɛɐ'keːɐ]
cruzamento (m)	**Straßenkreuzung** (f)	['ʃtʀaːsənˌkʀɔɪtsʊŋ]

passadeira (f) para peões	**Übergang** (m)	['yːbɐˌɡaŋ]
passagem (f) subterrânea	**Fußgängerunterführung**	['fuːsˌɡɛŋɐ-ʊntɐ'fyːʀʊŋ]
cruzar, atravessar (vt)	**überqueren** (vt)	[yːbɐ'kveːʀən]
peão (m)	**Fußgänger** (m)	['fuːsˌɡɛŋɐ]
passeio (m)	**Gehweg** (m)	['geːˌveːk]

ponte (f)	**Brücke** (f)	['bʀʏkə]
marginal (f)	**Kai** (m)	[kaɪ]
fonte (f)	**Springbrunnen** (m)	['ʃpʀɪŋˌbʀʊnən]

alameda (f)	**Allee** (f)	[a'leː]
parque (m)	**Park** (m)	[paʁk]
bulevar (m)	**Boulevard** (m)	[bulə'vaːɐ]
praça (f)	**Platz** (m)	[plats]
avenida (f)	**Prospekt** (m)	[pʀo'spɛkt]
rua (f)	**Straße** (f)	['ʃtʀaːsə]
travessa (f)	**Gasse** (f)	['gasə]
beco (m) sem saída	**Sackgasse** (f)	['zakˌgasə]

casa (f)	**Haus** (n)	[haʊs]
edifício, prédio (m)	**Gebäude** (n)	[gə'bɔɪdə]
arranha-céus (m)	**Wolkenkratzer** (m)	['vɔlkənˌkʀatsɐ]

| fachada (f) | **Fassade** (f) | [fa'saːdə] |
| telhado (m) | **Dach** (n) | [daχ] |

janela (f)	**Fenster** (n)	['fɛnstɐ]
arco (m)	**Bogen** (m)	['bo:gən]
coluna (f)	**Säule** (f)	['zɔɪlə]
esquina (f)	**Ecke** (f)	['ɛkə]

montra (f)	**Schaufenster** (n)	['ʃauˌfɛnstɐ]
letreiro (m)	**Schild** (n)	[ʃɪlt]
cartaz (m)	**Anschlag** (m)	['anˌʃla:k]
cartaz (m) publicitário	**Werbeposter** (m)	['vɛʁbəˌpo:stɐ]
painel (m) publicitário	**Werbeschild** (n)	['vɛʁbəˌʃɪlt]

lixo (m)	**Müll** (m)	[mʏl]
cesta (f) do lixo	**Mülleimer** (m)	['mʏlˌʔaɪmɐ]
jogar lixo na rua	**Abfall wegwerfen**	['apfal 'vɛkˌvɛʁfən]
aterro (m) sanitário	**Mülldeponie** (f)	['mʏl·depoˌni:]

cabine (f) telefónica	**Telefonzelle** (f)	[tele'fo:nˌtsɛlə]
candeeiro (m) de rua	**Straßenlaterne** (f)	['ʃtʁa:sən·laˌtɛʁnə]
banco (m)	**Bank** (f)	[baŋk]

polícia (m)	**Polizist** (m)	[poli'tsɪst]
polícia (instituição)	**Polizei** (f)	[ˌpoli'tsaɪ]
mendigo (m)	**Bettler** (m)	['bɛtlɐ]
sem-abrigo (m)	**Obdachlose** (m)	['ɔpdaχˌlo:zə]

29. Instituições urbanas

loja (f)	**Laden** (m)	['la:dən]
farmácia (f)	**Apotheke** (f)	[apo'te:kə]
ótica (f)	**Optik** (f)	['ɔptɪk]
centro (m) comercial	**Einkaufszentrum** (n)	['aɪnkaʊfsˌtsɛntʁʊm]
supermercado (m)	**Supermarkt** (m)	['zu:pɐˌmaʁkt]

padaria (f)	**Bäckerei** (f)	[ˌbɛkə'ʁaɪ]
padeiro (m)	**Bäcker** (m)	['bɛkɐ]
pastelaria (f)	**Konditorei** (f)	[ˌkɔndito'ʁaɪ]
mercearia (f)	**Lebensmittelladen** (m)	['le:bənsˌmɪtəl·la:dən]
talho (m)	**Metzgerei** (f)	[mɛtsgə'ʁaɪ]

loja (f) de legumes	**Gemüseladen** (m)	[gə'my:zəˌla:dən]
mercado (m)	**Markt** (m)	[maʁkt]

café (m)	**Kaffeehaus** (n)	[ka'fe:ˌhaʊs]
restaurante (m)	**Restaurant** (n)	[ʁɛsto'ʁaŋ]
cervejaria (f)	**Bierstube** (f)	['bi:ɐˌʃtu:bə]
pizzaria (f)	**Pizzeria** (f)	[pɪtse'ʁi:a]

salão (m) de cabeleireiro	**Friseursalon** (m)	[fʁi'zø:ɐ·zaˌlɔŋ]
correios (m pl)	**Post** (f)	[pɔst]
lavandaria (f)	**chemische Reinigung** (f)	[çe:miʃə 'ʁaɪnɪgʊŋ]

estúdio (m) fotográfico	Fotostudio (n)	['fotoˌʃtuːdɪo]
sapataria (f)	Schuhgeschäft (n)	['ʃuːɡəʃɛft]
livraria (f)	Buchhandlung (f)	['buːxˌhandlʊŋ]
loja (f) de artigos de desporto	Sportgeschäft (n)	['ʃpɔʁt·ɡə'ʃɛft]

reparação (f) de roupa	Kleiderreparatur (f)	['klaɪdeˌʁepaʁaˈtuːɐ]
aluguer (m) de roupa	Bekleidungsverleih (m)	[bə'klaɪdʊŋs·fɛɐ'laɪ]
aluguer (m) de filmes	Videothek (f)	[video'teːk]

circo (m)	Zirkus (m)	['tsɪʁkʊs]
jardim (m) zoológico	Zoo (m)	['tsoː]
cinema (m)	Kino (n)	['kiːno]
museu (m)	Museum (n)	[mu'zeːʊm]
biblioteca (f)	Bibliothek (f)	[biblio'teːk]

teatro (m)	Theater (n)	[te'aːtɐ]
ópera (f)	Opernhaus (n)	['oːpɐnˌhaʊs]
clube (m) noturno	Nachtklub (m)	['naχtˌklʊp]
casino (m)	Kasino (n)	[ka'ziːno]

mesquita (f)	Moschee (f)	[mɔ'ʃeː]
sinagoga (f)	Synagoge (f)	[zyna'ɡoːɡə]
catedral (f)	Kathedrale (f)	[kate'dʁaːlə]
templo (m)	Tempel (m)	['tɛmpəl]
igreja (f)	Kirche (f)	['kɪʁçə]
instituto (m)	Institut (n)	[ɪnsti'tuːt]
universidade (f)	Universität (f)	[univɛʁzi'tɛːt]
escola (f)	Schule (f)	['ʃuːlə]

prefeitura (f)	Präfektur (f)	[pʁɛfɛk'tuːɐ]
câmara (f) municipal	Rathaus (n)	['ʁaːtˌhaʊs]
hotel (m)	Hotel (n)	[ho'tɛl]
banco (m)	Bank (f)	[baŋk]

embaixada (f)	Botschaft (f)	['boːtʃaft]
agência (f) de viagens	Reisebüro (n)	['ʁaɪzə·byˌʁoː]
agência (f) de informações	Informationsbüro (n)	[ɪnfɔʁma'tsjoːns·byˌʁoː]
casa (f) de câmbio	Wechselstube (f)	['vɛksəlˌʃtuːbə]

| metro (m) | U-Bahn (f) | ['uːbaːn] |
| hospital (m) | Krankenhaus (n) | ['kʁaŋkənˌhaʊs] |

| posto (m) de gasolina | Tankstelle (f) | ['taŋkʃtɛlə] |
| parque (m) de estacionamento | Parkplatz (m) | ['paʁkˌplats] |

30. Sinais

| letreiro (m) | Schild (n) | [ʃɪlt] |
| inscrição (f) | Aufschrift (f) | ['aʊfʃʁɪft] |

cartaz, póster (m)	Plakat (n)	[pla'ka:t]
sinal (m) informativo	Wegweiser (m)	['vɛk͜vaɪze]
seta (f)	Pfeil (m)	[pfaɪl]

aviso (advertência)	Vorsicht (f)	['fo:ɐ͜zɪçt]
sinal (m) de aviso	Warnung (f)	['vaʁnʊŋ]
avisar, advertir (vt)	warnen (vt)	['vaʁnən]

dia (m) de folga	freier Tag (m)	['fʁaɪɐ ta:k]
horário (m)	Plan (m)	[pla:n]
horário (m) de funcionamento	Öffnungszeiten (pl)	['œfnʊŋs͜tsaɪtən]

| BEM-VINDOS! | HERZLICH WILLKOMMEN! | ['hɛʁtslɪç vɪl'kɔmən] |

| ENTRADA | EINGANG | ['aɪn͜gaŋ] |
| SAÍDA | AUSGANG | ['aʊs͜gaŋ] |

EMPURRE	DRÜCKEN	['dʁʏkən]
PUXE	ZIEHEN	['tsi:ən]
ABERTO	GEÖFFNET	[gə'ʔœfnət]
FECHADO	GESCHLOSSEN	[gə'ʃlɔsən]

| MULHER | DAMEN, FRAUEN | ['da:mən], ['fʁaʊən] |
| HOMEM | HERREN, MÄNNER | ['hɛʁən], ['mɛnɐ] |

DESCONTOS	AUSVERKAUF	['aʊsfɛɐ͜kaʊf]
SALDOS	REDUZIERT	[ʁedu'tsi:ɐt]
NOVIDADE!	NEU!	[nɔɪ]
GRÁTIS	GRATIS	['gʁa:tɪs]

ATENÇÃO!	ACHTUNG!	['aχtʊŋ]
NÃO HÁ VAGAS	ZIMMER BELEGT	['tsɪmɐ bə'le:kt]
RESERVADO	RESERVIERT	[ʁezɛʁ'vi:ɐt]

| ADMINISTRAÇÃO | VERWALTUNG | [fɛɐ'valtʊŋ] |
| SOMENTE PESSOAL AUTORIZADO | NUR FÜR PERSONAL | [nu:ɐ fy:ɐ pɛʁzo'na:l] |

| CUIDADO CÃO FEROZ | VORSICHT BISSIGER HUND | ['fo:ɐ͜zɪçt 'bɪsɪgɐ hʊnt] |

| PROIBIDO FUMAR! | RAUCHEN VERBOTEN! | ['ʁaʊχən fɛɐ'bo:tən] |
| NÃO TOCAR | BITTE NICHT BERÜHREN | ['bɪtə nɪçt bə'ʁy:ʁən] |

PERIGOSO	GEFÄHRLICH	[gə'fɛːɐlɪç]
PERIGO	VORSICHT!	['fo:ɐ͜zɪçt]
ALTA TENSÃO	HOCHSPANNUNG	['ho:χ͜ʃpanʊŋ]
PROIBIDO NADAR	BADEN VERBOTEN	['ba:dən fɛɐ'bo:tən]
AVARIADO	AUßER BETRIEB	[͜aʊsɐ bə'tʁi:p]
INFLAMÁVEL	LEICHTENTZÜNDLICH	['laɪçt͜ʔɛn'tsʏntlɪç]
PROIBIDO	VERBOTEN	[fɛɐ'bo:tən]

ENTRADA PROIBIDA

CUIDADO TINTA
FRESCA

**DURCHGANG
VERBOTEN**

FRISCH GESTRICHEN

['dʊʁçˌɡaŋ
fɛɐ̯'boːtən]

[fʁɪʃ ɡə'ʃtʁɪçən]

31. Compras

comprar (vt)	**kaufen** (vt)	['kaufən]
compra (f)	**Einkauf** (m)	['aɪnˌkaʊf]
fazer compras	**einkaufen gehen**	['aɪnˌkaʊfən 'geːən]
compras (f pl)	**Einkaufen** (n)	['aɪnˌkaʊfən]
estar aberta (loja, etc.)	**offen sein**	['ɔfən zaɪn]
estar fechada	**zu sein**	[tsu zaɪn]
calçado (m)	**Schuhe** (pl)	['ʃuːə]
roupa (f)	**Kleidung** (f)	['klaɪdʊŋ]
cosméticos (m pl)	**Kosmetik** (f)	[kɔs'meːtɪk]
alimentos (m pl)	**Lebensmittel** (pl)	['leːbənsˌmɪtəl]
presente (m)	**Geschenk** (n)	[ɡə'ʃɛŋk]
vendedor (m)	**Verkäufer** (m)	[fɛɐ̯'kɔɪfɐ]
vendedora (f)	**Verkäuferin** (f)	[fɛɐ̯'kɔɪfəʁɪn]
caixa (f)	**Kasse** (f)	['kasə]
espelho (m)	**Spiegel** (m)	['ʃpiːɡəl]
balcão (m)	**Ladentisch** (m)	['laːdənˌtɪʃ]
cabine (f) de provas	**Umkleidekabine** (f)	['ʊmklaɪdəˌkaˌbiːnə]
provar (vt)	**anprobieren** (vt)	['anpʁoˌbiːʁən]
servir (vi)	**passen** (vi)	['pasən]
gostar (apreciar)	**gefallen** (vi)	[ɡə'falən]
preço (m)	**Preis** (m)	[pʁaɪs]
etiqueta (f) de preço	**Preisschild** (n)	['pʁaɪsˌʃɪlt]
custar (vt)	**kosten** (vt)	['kɔstən]
Quanto?	**Wie viel?**	['viː fiːl]
desconto (m)	**Rabatt** (m)	[ʁa'bat]
não caro	**preiswert**	['pʁaɪsˌveːɐ̯t]
barato	**billig**	['bɪlɪç]
caro	**teuer**	['tɔɪɐ]
É caro	**Das ist teuer**	[das is 'tɔɪɐ]
aluguer (m)	**Verleih** (m)	[fɛɐ̯'laɪ]
alugar (vestidos, etc.)	**ausleihen** (vt)	['aʊsˌlaɪən]
crédito (m)	**Kredit** (m), **Darlehen** (n)	[kʁe'diːt], ['daʁˌleːən]
a crédito	**auf Kredit**	[aʊf kʁe'diːt]

T&P BOOKS

VESTUÁRIO & ACESSÓRIOS

T&P Books Publishing

roupa (f)	Kleidung (f)	['klaɪdʊn]
roupa (f) exterior	Oberkleidung (f)	['o:bɐˌklaɪdʊŋ]
roupa (f) de inverno	Winterkleidung (f)	['vɪntɐˌklaɪdʊŋ]
sobretudo (m)	Mantel (m)	['mantəl]
casaco (m) de peles	Pelzmantel (m)	['pɛltsˌmantəl]
casaco curto (m) de peles	Pelzjacke (f)	['pɛltsˌjakə]
casaco (m) acolchoado	Daunenjacke (f)	['daʊnənˌjakə]
casaco, blusão (m)	Jacke (f)	['jakə]
impermeável (m)	Regenmantel (m)	['ʀe:gənˌmantəl]
impermeável	wasserdicht	['vasɐˌdɪçt]

camisa (f)	Hemd (n)	[hɛmt]
calças (f pl)	Hose (f)	['ho:zə]
calças (f pl) de ganga	Jeans (f)	[dʒi:ns]
casaco (m) de fato	Jackett (n)	[ʒa'kɛt]
fato (m)	Anzug (m)	['anˌtsu:k]
vestido (ex. ~ vermelho)	Kleid (n)	[klaɪt]
saia (f)	Rock (m)	[ʀɔk]
blusa (f)	Bluse (f)	['blu:zə]
casaco (m) de malha	Strickjacke (f)	['ʃtʀɪkˌjakə]
casaco, blazer (m)	Jacke (f)	['jakə]
T-shirt, camiseta (f)	T-Shirt (n)	['ti:ˌʃø:ɐt]
calções (Bermudas, etc.)	Shorts (pl)	[ʃɔɐts]
fato (m) de treino	Sportanzug (m)	['ʃpɔɐtˌantsu:k]
roupão (m) de banho	Bademantel (m)	['ba:dəˌmantəl]
pijama (m)	Schlafanzug (m)	['ʃla:fʔanˌtsu:k]
suéter (m)	Sweater (m)	['swɛtɐ]
pulôver (m)	Pullover (m)	[pʊ'lo:vɐ]
colete (m)	Weste (f)	['vɛstə]
fraque (m)	Frack (m)	[fʀak]
smoking (m)	Smoking (m)	['smo:kɪŋ]
uniforme (m)	Uniform (f)	['ʊniˌfɔɐm]
roupa (f) de trabalho	Arbeitskleidung (f)	['aʀbaɪtsˌklaɪdʊŋ]

| fato-macaco (m) | Overall (m) | ['o:vəʀal] |
| bata (~ branca, etc.) | Kittel (m) | ['kɪtəl] |

34. Vestuário. Roupa interior

roupa (f) interior	Unterwäsche (f)	['ʊntɐˌvɛʃə]
cuecas boxer (f pl)	Herrenslip (m)	['hɛʀənˌslɪp]
cuecas (f pl)	Damenslip (m)	['da:mənˌslɪp]
camisola (f) interior	Unterhemd (n)	['ʊntɐˌhɛmt]
peúgas (f pl)	Socken (pl)	['zɔkən]

camisa (f) de noite	Nachthemd (n)	['naχtˌhɛmt]
sutiã (m)	Büstenhalter (m)	['bystənˌhaltɐ]
meias longas (f pl)	Kniestrümpfe (pl)	['kni:ˌʃtʀʏmpfə]
meias-calças (f pl)	Strumpfhose (f)	['ʃtʀʊmpfˌho:zə]
meias (f pl)	Strümpfe (pl)	['ʃtʀʏmpfə]
fato (m) de banho	Badeanzug (m)	['ba:dəˌʔantsu:k]

35. Adereços de cabeça

chapéu (m)	Mütze (f)	['mʏtsə]
chapéu (m) de feltro	Filzhut (m)	['fɪltsˌhu:t]
boné (m) de beisebol	Baseballkappe (f)	['bɛɪsbɔ:lˌkapə]
boné (m)	Schiebermütze (f)	['ʃi:bɐˌmʏtsə]

boina (f)	Baskenmütze (f)	['baskənˌmʏtsə]
capuz (m)	Kapuze (f)	[ka'pu:tsə]
panamá (m)	Panamahut (m)	['panama:ˌhu:t]
gorro (m) de malha	Strickmütze (f)	['ʃtʀɪkˌmʏtsə]

| lenço (m) | Kopftuch (n) | ['kɔpfˌtu:χ] |
| chapéu (m) de mulher | Damenhut (m) | ['da:mənˌhu:t] |

capacete (m) de proteção	Schutzhelm (m)	['ʃʊtsˌhɛlm]
bivaque (m)	Feldmütze (f)	['fɛltˌmʏtsə]
capacete (m)	Helm (m)	[hɛlm]

| chapéu (m) de coco | Melone (f) | [me'lo:nə] |
| chapéu (m) alto | Zylinder (m) | [tsy'lɪndɐ] |

36. Calçado

calçado (m)	Schuhe (pl)	['ʃu:ə]
botinas (f pl)	Stiefeletten (pl)	[ʃti:fə'lɛtən]
sapatos (de salto alto, etc.)	Halbschuhe (pl)	['halpˌʃu:ə]

| botas (f pl) | Stiefel (pl) | ['ʃtiːfəl] |
| pantufas (f pl) | Hausschuhe (pl) | ['haʊsˌʃuːə] |

ténis (m pl)	Tennisschuhe (pl)	['tɛnɪsˌʃuːə]
sapatilhas (f pl)	Leinenschuhe (pl)	['laɪnənˌʃuːə]
sandálias (f pl)	Sandalen (pl)	[zan'daːlən]

sapateiro (m)	Schuster (m)	['ʃuːstɐ]
salto (m)	Absatz (m)	['apˌzats]
par (m)	Paar (n)	[paːɐ]

atacador (m)	Schnürsenkel (m)	['ʃnyːɐˌsɛŋkəl]
apertar os atacadores	schnüren (vt)	['ʃnyːʀən]
calçadeira (f)	Schuhlöffel (m)	['ʃuːˌlœfəl]
graxa (f) para calçado	Schuhcreme (f)	['ʃuːˌkʀɛːm]

37. Acessórios pessoais

luvas (f pl)	Handschuhe (pl)	['hantˌʃuːə]
mitenes (f pl)	Fausthandschuhe (pl)	['faʊstˈhantˌʃuːə]
cachecol (m)	Schal (m)	[ʃaːl]

óculos (m pl)	Brille (f)	['bʀɪlə]
armação (f) de óculos	Brillengestell (n)	['bʀɪlənˈɡəˈʃtɛl]
guarda-chuva (m)	Regenschirm (m)	['ʀeːɡənˌʃɪʀm]
bengala (f)	Spazierstock (m)	[ʃpaˈtsiːɐˌʃtok]
escova (f) para o cabelo	Haarbürste (f)	['haːɐˌbyʀstə]
leque (m)	Fächer (m)	['fɛçɐ]

gravata (f)	Krawatte (f)	[kʀaˈvatə]
gravata-borboleta (f)	Fliege (f)	['fliːɡə]
suspensórios (m pl)	Hosenträger (pl)	['hoːzənˌtʀɛːɡə]
lenço (m)	Taschentuch (n)	['taʃənˌtuːx]
pente (m)	Kamm (m)	[kam]
travessão (m)	Haarspange (f)	['haːɐˌʃpaŋə]
gancho (m) de cabelo	Haarnadel (f)	['haːɐˌnaːdəl]
fivela (f)	Schnalle (f)	['ʃnalə]
cinto (m)	Gürtel (m)	['ɡYʀtəl]
correia (f)	Umhängegurt (m)	['ʊmhɛŋəˌɡʊʀt]

bolsa (f)	Tasche (f)	['taʃə]
bolsa (f) de senhora	Handtasche (f)	['hantˌtaʃə]
mochila (f)	Rucksack (m)	['ʀʊkˌzak]

38. Vestuário. Diversos

| moda (f) | Mode (f) | ['moːdə] |
| na moda | modisch | ['moːdɪʃ] |

estilista (m)	Modedesigner (m)	['mo:də·di'zaɪnɐ]
colarinho (m), gola (f)	Kragen (m)	['kraːgən]
bolso (m)	Tasche (f)	['taʃə]
de bolso	Taschen-	['taʃən]
manga (f)	Ärmel (m)	['ɛʁməl]
presilha (f)	Aufhänger (m)	['aʊf‚hɛŋɐ]
braguilha (f)	Hosenschlitz (m)	['hoːzənˌʃlɪts]

fecho (m) de correr	Reißverschluss (m)	['raɪs·fɛɐˌʃlʊs]
fecho (m), colchete (m)	Verschluss (m)	[fɛɐ'ʃlʊs]
botão (m)	Knopf (m)	[knɔpf]
casa (f) de botão	Knopfloch (n)	['knɔpfˌlɔx]
saltar (vi) (botão, etc.)	abgehen (vi)	['apˌgeːən]

coser, costurar (vi)	nähen (vi, vt)	['nɛːən]
bordar (vt)	sticken (vt)	['ʃtɪkən]
bordado (m)	Stickerei (f)	[ʃtɪkə'raɪ]
agulha (f)	Nadel (f)	['naːdəl]
fio (m)	Faden (m)	['faːdən]
costura (f)	Naht (f)	[naːt]

sujar-se (vp)	sich beschmutzen	[zɪç bə'ʃmʊtsən]
mancha (f)	Fleck (m)	[flɛk]
engelhar-se (vp)	sich knittern	[zɪç 'knɪtɐn]
rasgar (vt)	zerreißen (vt)	[tsɛɐ'raɪsən]
traça (f)	Motte (f)	['mɔtə]

39. Cuidados pessoais. Cosméticos

pasta (f) de dentes	Zahnpasta (f)	['tsaːnˌpasta]
escova (f) de dentes	Zahnbürste (f)	['tsaːnˌbʏrstə]
escovar os dentes	Zähne putzen	['tsɛːnə 'pʊtsən]

máquina (f) de barbear	Rasierer (m)	[ra'ziːrɐ]
creme (m) de barbear	Rasiercreme (f)	[ra'ziːɐˌkrɛːm]
barbear-se (vp)	sich rasieren	[zɪç ra'ziːrən]

| sabonete (m) | Seife (f) | ['zaɪfə] |
| champô (m) | Shampoo (n) | ['ʃampu] |

tesoura (f)	Schere (f)	['ʃeːrə]
lima (f) de unhas	Nagelfeile (f)	['naːgəlˌfaɪlə]
corta-unhas (m)	Nagelzange (f)	['naːgəlˌtsaŋə]
pinça (f)	Pinzette (f)	[pɪn'tsɛtə]

cosméticos (m pl)	Kosmetik (f)	[kɔs'meːtɪk]
máscara (f) facial	Gesichtsmaske (f)	[gə'zɪçtsˌmaskə]
manicura (f)	Maniküre (f)	[mani'kyːrə]
fazer a manicura	Maniküre machen	[mani'kyːrə 'maxən]
pedicure (f)	Pediküre (f)	[pedi'kyːrə]

bolsa (f) de maquilhagem	Kosmetiktasche (f)	[kɔs'me:tɪk‚taʃə]
pó (m)	Puder (m)	['pu:dɐ]
caixa (f) de pó	Puderdose (f)	['pu:dɐ‚do:zə]
blush (m)	Rouge (n)	[ʀu:ʒ]

perfume (m)	Parfüm (n)	[paʁ'fy:m]
água (f) de toilette	Duftwasser (n)	['dʊft‚vasɐ]
loção (m)	Lotion (f)	[lo'tsjo:n]
água-de-colónia (f)	Kölnischwasser (n)	['kœlnɪʃ‚vasɐ]

sombra (f) de olhos	Lidschatten (m)	['li:tʃatən]
lápis (m) delineador	Kajalstift (m)	[ka'ja:lʃtɪft]
máscara (f), rímel (m)	Wimperntusche (f)	['vɪmpɐn‚tuʃə]

batom (m)	Lippenstift (m)	['lɪpənʃtɪft]
verniz (m) de unhas	Nagellack (m)	['na:gəl‚lak]
laca (f) para cabelos	Haarlack (m)	['ha:ɐ‚lak]
desodorizante (m)	Deodorant (n)	[deodo'ʀant]

creme (m)	Creme (f)	[kʀɛ:m]
creme (m) de rosto	Gesichtscreme (f)	[gə'zɪçts‚kʀɛ:m]
creme (m) de mãos	Handcreme (f)	['hant‚kʀɛ:m]
creme (m) antirrugas	Anti-Falten-Creme (f)	[‚anti'faltən‚kʀɛ:m]
creme (m) de dia	Tagescreme (f)	['ta:gəs‚kʀɛ:m]
creme (m) de noite	Nachtcreme (f)	['naχt‚kʀɛ:m]
de dia	Tages-	['ta:gəs]
da noite	Nacht-	[naχt]

tampão (m)	Tampon (m)	['tampo:n]
papel (m) higiénico	Toilettenpapier (n)	[toa'lɛtən·pa‚pi:ɐ]
secador (m) elétrico	Föhn (m)	['fø:n]

40. Relógios de pulso. Relógios

relógio (m) de pulso	Armbanduhr (f)	['aʁmbant‚ʔu:ɐ]
mostrador (m)	Zifferblatt (n)	['tsɪfɐ‚blat]
ponteiro (m)	Zeiger (m)	['tsaɪgɐ]
bracelete (f) em aço	Metallarmband (n)	[me'tal‚ʔaʁmbant]
bracelete (f) em pele	Uhrenarmband (n)	['u:ʀən‚ʔaʁmbant]

pilha (f)	Batterie (f)	[batə'ʀi:]
descarregar-se	verbraucht sein	[fɛɐ'bʀaʊχt zaɪn]
trocar a pilha	die Batterie wechseln	[di batə'ʀi: 'vɛksəln]
estar adiantado	vorgehen (vi)	['fo:ɐ‚ge:ən]
estar atrasado	nachgehen (vi)	['na:χ‚ge:ən]

relógio (m) de parede	Wanduhr (f)	['vant‚ʔu:ɐ]
ampulheta (f)	Sanduhr (f)	['zant‚ʔu:ɐ]
relógio (m) de sol	Sonnenuhr (f)	['zɔnən‚ʔu:ɐ]
despertador (m)	Wecker (m)	['vɛkɐ]

| relojoeiro (m) | **Uhrmacher** (m) | ['uːɐ̯ˌmaχɐ] |
| reparar (vt) | **reparieren** (vt) | [ʀepaˈʀiːʀən] |

T&P BOOKS

EXPERIÊNCIA DO QUOTIDIANO

T&P Books Publishing

41. Dinheiro

dinheiro (m)	Geld (n)	[gɛlt]
câmbio (m)	Austausch (m)	['aʊsˌtaʊʃ]
taxa (f) de câmbio	Kurs (m)	[kʊʁs]
Caixa Multibanco (m)	Geldautomat (m)	['gɛltʔaʊtoˌmaːt]
moeda (f)	Münze (f)	['mʏntsə]
dólar (m)	Dollar (m)	['dɔlaʁ]
euro (m)	Euro (m)	['ɔɪʁo]
lira (f)	Lira (f)	['liːʁa]
marco (m)	Mark (f)	[maʁk]
franco (m)	Franken (m)	['fʁaŋkən]
libra (f) esterlina	Pfund Sterling (n)	[pfʊnt 'ʃtɛʁlɪŋ]
iene (m)	Yen (m)	[jɛn]
dívida (f)	Schuld (f)	[ʃʊlt]
devedor (m)	Schuldner (m)	['ʃʊldnɐ]
emprestar (vt)	leihen (vt)	['laɪən]
pedir emprestado	ausleihen (vt)	['aʊsˌlaɪən]
banco (m)	Bank (f)	[baŋk]
conta (f)	Konto (n)	['kɔnto]
depositar (vt)	einzahlen (vt)	['aɪnˌtsaːlən]
depositar na conta	auf ein Konto einzahlen	[aʊf aɪn 'kɔnto 'aɪnˌtsaːlən]
levantar (vt)	abheben (vt)	['apˌheːbən]
cartão (m) de crédito	Kreditkarte (f)	[kʁe'diːtˌkaʁtə]
dinheiro (m) vivo	Bargeld (n)	['baːɐ̯ˌgɛlt]
cheque (m)	Scheck (m)	[ʃɛk]
passar um cheque	einen Scheck schreiben	['aɪnən ʃɛk 'ʃʁaɪbn]
livro (m) de cheques	Scheckbuch (n)	['ʃɛkˌbuːx]
carteira (f)	Geldtasche (f)	['gɛltˌtaʃə]
porta-moedas (m)	Geldbeutel (m)	['gɛltˌbɔɪtəl]
cofre (m)	Safe (m)	[sɛɪf]
herdeiro (m)	Erbe (m)	['ɛʁbə]
herança (f)	Erbschaft (f)	['ɛʁpʃaft]
fortuna (riqueza)	Vermögen (n)	[fɛɐ̯'møːgən]
arrendamento (m)	Pacht (f)	[paxt]
renda (f) de casa	Miete (f)	['miːtə]
alugar (vt)	mieten (vt)	['miːtən]
preço (m)	Preis (m)	[pʁaɪs]

| custo (m) | Kosten (pl) | ['kɔstən] |
| soma (f) | Summe (f) | ['zʊmə] |

gastar (vt)	ausgeben (vt)	['aʊsˌge:bən]
gastos (m pl)	Ausgaben (pl)	['aʊsˌga:bən]
economizar (vi)	sparen (vt)	['ʃpa:ʀən]
económico	sparsam	['ʃpa:ɐza:m]

pagar (vt)	zahlen (vt)	['tsa:lən]
pagamento (m)	Lohn (m)	[lo:n]
troco (m)	Wechselgeld (n)	['vɛksəlˌgɛlt]

imposto (m)	Steuer (f)	['ʃtɔɪɐ]
multa (f)	Geldstrafe (f)	['gɛltˌʃtʀa:fə]
multar (vt)	bestrafen (vt)	[bə'ʃtʀa:fən]

42. Correios. Serviço postal

correios (m pl)	Post (f)	[pɔst]
correio (m)	Post (f)	[pɔst]
carteiro (m)	Briefträger (m)	['bʀi:fˌtʀɛ:gɐ]
horário (m)	Öffnungszeiten (pl)	['œfnʊŋsˌtsaɪtən]

carta (f)	Brief (m)	[bʀi:f]
carta (f) registada	Einschreibebrief (m)	['aɪnʃʀaɪbəˌbʀi:f]
postal (m)	Postkarte (f)	['pɔstˌkaɐtə]
telegrama (m)	Telegramm (n)	[tele'gʀam]
encomenda (f) postal	Postpaket (n)	['pɔst·pa'ke:t]
remessa (f) de dinheiro	Geldanweisung (f)	['gɛltˌanvaɪzʊŋ]

receber (vt)	bekommen (vt)	[bə'kɔmən]
enviar (vt)	abschicken (vt)	['apˌʃɪkən]
envio (m)	Absendung (f)	['apˌzɛndʊŋ]
endereço (m)	Postanschrift (f)	['pɔstˌanʃʀɪft]
código (m) postal	Postleitzahl (f)	['pɔstlaɪtˌtsa:l]
remetente (m)	Absender (m)	['apˌzɛndɐ]
destinatário (m)	Empfänger (m)	[ɛm'pfɛŋɐ]

| nome (m) | Vorname (m) | ['fo:ɐˌna:mə] |
| apelido (m) | Nachname (m) | ['na:xˌna:mə] |

tarifa (f)	Tarif (m)	[ta'ʀi:f]
normal	Standard-	['standaɐt]
económico	Spar-	['ʃpa:ɐ]

peso (m)	Gewicht (n)	[gə'vɪçt]
pesar (estabelecer o peso)	abwiegen (vt)	['apˌvi:gən]
envelope (m)	Briefumschlag (m)	['bʀi:f?ʊmˌʃla:k]
selo (m)	Briefmarke (f)	['bʀi:fˌmaɐkə]
colar o selo	Briefmarke aufkleben	['bʀi:fˌmaɐkə 'aʊfˌkle:bən]

43. Banca

banco (m)	Bank (f)	[baŋk]
sucursal, balcão (f)	Filiale (f)	[fi'lɪɑːlə]
consultor (m)	Berater (m)	[bə'ʀaːtɐ]
gerente (m)	Leiter (m)	['laɪtɐ]
conta (f)	Konto (n)	['kɔnto]
número (m) da conta	Kontonummer (f)	['kɔnto,nʊmɐ]
conta (f) corrente	Kontokorrent (n)	[kɔnto·ko'ʀɛnt]
conta (f) poupança	Sparkonto (n)	['ʃpaːɐ̯,kɔnto]
abrir uma conta	ein Konto eröffnen	[aɪn 'kɔnto ɛɐ̯'ʔœfnən]
fechar uma conta	das Konto schließen	[das 'kɔnto 'ʃliːsən]
depositar na conta	auf ein Konto einzahlen	[aʊf aɪn 'kɔnto 'aɪn,tsaːlən]
levantar (vt)	abheben (vt)	['ap,heːbən]
depósito (m)	Einzahlung (f)	['aɪn,tsaːlʊŋ]
fazer um depósito	eine Einzahlung machen	['aɪnə 'aɪn,tsaːlʊŋ 'maxən]
transferência (f) bancária	Überweisung (f)	[,yːbə'vaɪzən]
transferir (vt)	überweisen (vt)	[,yːbə'vaɪzən]
soma (f)	Summe (f)	['zʊmə]
Quanto?	Wie viel?	['viː fiːl]
assinatura (f)	Unterschrift (f)	['ʊntəʃʀɪft]
assinar (vt)	unterschreiben (vt)	[,ʊntə'ʃʀaɪbən]
cartão (m) de crédito	Kreditkarte (f)	[kʀe'diːt,kaʀtə]
código (m)	Code (m)	[koːt]
número (m) do cartão de crédito	Kreditkartennummer (f)	[kʀe'diːt,kaʀtə'nʊmɐ]
Caixa Multibanco (m)	Geldautomat (m)	['gɛlt?aʊto,maːt]
cheque (m)	Scheck (m)	[ʃɛk]
passar um cheque	einen Scheck schreiben	['aɪnən ʃɛk 'ʃʀaɪbn]
livro (m) de cheques	Scheckbuch (n)	['ʃɛk,buːx]
empréstimo (m)	Darlehen (m)	['daʀ,leːən]
pedir um empréstimo	ein Darlehen beantragen	[aɪn 'daʀ,leːən bə'ʔantʀaːgən]
obter um empréstimo	ein Darlehen aufnehmen	[aɪn daʀ,leːən 'aʊf,neːmən]
conceder um empréstimo	ein Darlehen geben	[aɪn 'daʀ,leːən 'geːbən]
garantia (f)	Pfand (m, n)	[pfant]

44. Telefone. Conversação telefónica

| telefone (m) | Telefon (n) | [tele'foːn] |
| telemóvel (m) | Mobiltelefon (n) | [mo'biːl·tele,foːn] |

atendedor (m) de chamadas	Anrufbeantworter (m)	['anʀu:fbə·ant͵voʀtə]
fazer uma chamada	anrufen (vt)	['an͵ʀu:fən]
chamada (f)	Anruf (m)	['an͵ʀu:f]

marcar um número	eine Nummer wählen	['aɪnə 'nʊmɐ 'vɛ:lən]
Alô!	Hallo!	[ha'lo:]
perguntar (vt)	fragen (vt)	['fʀa:gən]
responder (vt)	antworten (vi)	['ant͵voʀtən]

ouvir (vt)	hören (vt)	['hø:ʀən]
bem	gut	[gu:t]
mal	schlecht	[ʃlɛçt]
ruído (m)	Störungen (pl)	['ʃtø:ʀʊŋən]

auscultador (m)	Hörer (m)	['hø:ʀɐ]
pegar o telefone	den Hörer abnehmen	[den 'hø:ʀɐ 'ap͵ne:mən]
desligar (vi)	auflegen (vt)	['aʊf͵le:gən]

ocupado	besetzt	[bə'zɛtst]
tocar (vi)	läuten (vi)	['lɔɪtən]
lista (f) telefónica	Telefonbuch (n)	[tele'fo:n͵bu:χ]

local	Orts-	[ɔʀts]
chamada (f) local	Ortsgespräch	[ɔʀts·gə'ʃpʀɛ:ç]
para outra cidade	Fern-	['fɛʀn]
chamada (f) para outra cidade	Ferngespräch	['fɛʀn·gə'ʃpʀɛ:ç]
internacional	Auslands-	['aʊslants]
chamada (f) internacional	Auslandsgespräch	['aʊslants·gə'ʃpʀɛ:ç]

45. Telefone móvel

telemóvel (m)	Mobiltelefon (n)	[mo'bi:l·tele͵fo:n]
ecrã (m)	Display (n)	[dɪs'ple:]
botão (m)	Knopf (m)	[knɔpf]
cartão SIM (m)	SIM-Karte (f)	['zɪm͵kaʀtə]

bateria (f)	Batterie (f)	[batə'ʀi:]
descarregar-se	leer sein	[le:ɐ zaɪn]
carregador (m)	Ladegerät (n)	['la:də·gə'ʀɛ:t]

menu (m)	Menü (n)	[me'ny:]
definições (f pl)	Einstellungen (pl)	['aɪnʃtɛlʊŋən]
melodia (f)	Melodie (f)	[melo'di:]
escolher (vt)	auswählen (vt)	['aʊs͵vɛ:lən]

| calculadora (f) | Rechner (m) | ['ʀɛçnɐ] |
| atendedor (m) de chamadas | Anrufbeantworter (m) | ['anʀu:fbə·ant͵voʀtə] |

| despertador (m) | Wecker (m) | ['vɛkɐ] |
| contatos (m pl) | Kontakte (pl) | [kɔn'taktə] |

| mensagem (f) de texto | SMS-Nachricht (f) | [ɛs?ɛm'?ɛs 'naːχˌʁɪçt] |
| assinante (m) | Teilnehmer (m) | ['taɪlˌneːmɐ] |

46. Estacionário

| caneta (f) | Kugelschreiber (m) | ['kuːɡəlˌʃʁaɪbɐ] |
| caneta (f) tinteiro | Federhalter (m) | ['feːdɐˌhaltɐ] |

lápis (m)	Bleistift (m)	['blaɪʃtɪft]
marcador (m)	Faserschreiber (m)	['faːzɐʃʁaɪbɐ]
caneta (f) de feltro	Filzstift (m)	['fɪltsʃtɪft]

| bloco (m) de notas | Notizblock (m) | [no'tiːtsˌblɔk] |
| agenda (f) | Terminkalender (m) | [tɛʁ'miːnˈkaˌlɛndɐ] |

régua (f)	Lineal (n)	[line'aːl]
calculadora (f)	Rechner (m)	['ʁɛçnɐ]
borracha (f)	Radiergummi (m)	[ʁa'diːɐˌɡumi]
pionés (m)	Reißzwecke (f)	['ʁaɪsˈtsvɛkə]
clipe (m)	Heftklammer (f)	['hɛftˌklamɐ]

cola (f)	Klebstoff (m)	['kleːpˌʃtɔf]
agrafador (m)	Hefter (m)	['hɛftɐ]
furador (m)	Locher (m)	['lɔχɐ]
afia-lápis (m)	Bleistiftspitzer (m)	['blaɪʃtɪftʃpɪtsɐ]

47. Línguas estrangeiras

língua (f)	Sprache (f)	['ʃpʁaːχə]
estrangeiro	Fremd-	['fʁɛmt]
língua (f) estrangeira	Fremdsprache (f)	['fʁɛmtʃpʁaːχə]
estudar (vt)	studieren (vt)	[ʃtu'diːʁən]
aprender (vt)	lernen (vt)	['lɛʁnən]

ler (vt)	lesen (vi, vt)	['leːzən]
falar (vi)	sprechen (vi, vt)	['ʃpʁɛçən]
compreender (vt)	verstehen (vt)	[fɛɐ'ʃteːən]
escrever (vt)	schreiben (vi, vt)	['ʃʁaɪbən]

rapidamente	schnell	[ʃnɛl]
devagar	langsam	['laŋzaːm]
fluentemente	fließend	['fliːsənt]

| regras (f pl) | Regeln (pl) | ['ʁeːɡəln] |
| gramática (f) | Grammatik (f) | [ɡʁa'matɪk] |

| léxico (m) | Vokabular (n) | [vokabu'la:ɐ] |
| fonética (f) | Phonetik (f) | [fo:'ne:tɪk] |

manual (m) escolar	Lehrbuch (n)	['le:ɐˌbu:χ]
dicionário (m)	Wörterbuch (n)	['vœʁteˌbu:χ]
manual (m) de autoaprendizagem	Selbstlernbuch (n)	['zɛlpstˌlɛʁnbu:χ]
guia (m) de conversação	Sprachführer (m)	['ʃpʁa:χˌfy:ʁɐ]

cassete (f)	Kassette (f)	[ka'sɛtə]
cassete (f) de vídeo	Videokassette (f)	['vi:deo·ka'sɛtə]
CD (m)	CD (f)	[tse:'de:]
DVD (m)	DVD (f)	[defaʊ'de:]

alfabeto (m)	Alphabet (n)	[alfa'be:t]
soletrar (vt)	buchstabieren (vt)	[ˌbu:χʃta'bi:ʁən]
pronúncia (f)	Aussprache (f)	['aʊsˌʃpʁa:χə]

sotaque (m)	Akzent (m)	[ak'tsɛnt]
com sotaque	mit Akzent	[mɪt ak'tsɛnt]
sem sotaque	ohne Akzent	['o:nə ak'tsɛnt]

| palavra (f) | Wort (n) | [vɔʁt] |
| sentido (m) | Bedeutung (f) | [bə'dɔɪtʊŋ] |

cursos (m pl)	Kurse (pl)	['kuʁzə]
inscrever-se (vp)	sich einschreiben	[zɪç 'aɪnʃʁaɪbən]
professor (m)	Lehrer (m)	['le:ʁɐ]

tradução (processo)	Übertragung (f)	[ˌy:bɐ'tʁa:gʊŋ]
tradução (texto)	Übersetzung (f)	[ˌy:bɐ'zɛtsʊŋ]
tradutor (m)	Übersetzer (m)	[ˌy:bɐ'zɛtsɐ]
intérprete (m)	Dolmetscher (m)	['dɔlmɛtʃɐ]

| poliglota (m) | Polyglott (m, f) | [poly'glɔt] |
| memória (f) | Gedächtnis (n) | [gə'dɛçtnɪs] |

T&P BOOKS

REFEIÇÕES. RESTAURANTE

T&P Books Publishing

48. Por a mesa

colher (f)	**Löffel** (m)	['lœfəl]
faca (f)	**Messer** (n)	['mɛsɐ]
garfo (m)	**Gabel** (f)	[gaːbəl]
chávena (f)	**Tasse** (f)	['tasə]
prato (m)	**Teller** (m)	['tɛlɐ]
pires (m)	**Untertasse** (f)	['ʊntɐˌtasə]
guardanapo (m)	**Serviette** (f)	[zɛʁ'vɪɛtə]
palito (m)	**Zahnstocher** (m)	['tsaːnˌʃtɔχɐ]

49. Restaurante

restaurante (m)	**Restaurant** (n)	[ʁɛsto'ʁaŋ]
café (m)	**Kaffeehaus** (n)	[ka'feːˌhaʊs]
bar (m)	**Bar** (f)	[baːɐ]
salão (m) de chá	**Teesalon** (m)	['teːˌzaˈlɔŋ]
empregado (m) de mesa	**Kellner** (m)	['kɛlnɐ]
empregada (f) de mesa	**Kellnerin** (f)	['kɛlnəʁɪn]
barman (m)	**Barmixer** (m)	['baːɐˌmɪksɐ]
ementa (f)	**Speisekarte** (f)	['ʃpaɪzəˌkaʁtə]
lista (f) de vinhos	**Weinkarte** (f)	['vaɪnˌkaʁtə]
reservar uma mesa	**einen Tisch reservieren**	['aɪnən tɪʃ ʁɛzɛʁ'viːʁən]
prato (m)	**Gericht** (n)	[gə'ʁɪçt]
pedir (vt)	**bestellen** (vt)	[bə'ʃtɛlən]
fazer o pedido	**eine Bestellung aufgeben**	['aɪnə bə'ʃtɛlʊŋ 'aʊfˌgeːbən]
aperitivo (m)	**Aperitif** (m)	[apeʁi'tiːf]
entrada (f)	**Vorspeise** (f)	['foːɐˌʃpaɪzə]
sobremesa (f)	**Nachtisch** (m)	['naːχˌtɪʃ]
conta (f)	**Rechnung** (f)	['ʁɛçnʊŋ]
pagar a conta	**Rechnung bezahlen**	['ʁɛçnʊŋ bə'tsaːlən]
dar o troco	**das Wechselgeld geben**	[das 'vɛksəlˌgɛlt 'geːbən]
gorjeta (f)	**Trinkgeld** (n)	['tʁɪŋkˌgɛlt]

50. Refeições

comida (f)	Essen (n)	['ɛsən]
comer (vt)	essen (vi, vt)	['ɛsən]

pequeno-almoço (m)	Frühstück (n)	['fʀy:ʃtʏk]
tomar o pequeno-almoço	frühstücken (vi)	['fʀy:ʃtʏkən]
almoço (m)	Mittagessen (n)	['mɪta:k͜ʔɛsən]
almoçar (vi)	zu Mittag essen	[tsu 'mɪta:k 'ɛsən]
jantar (m)	Abendessen (n)	['a:bənt͜ʔɛsən]
jantar (vi)	zu Abend essen	[tsu 'a:bənt 'ɛsən]

apetite (m)	Appetit (m)	[ape'ti:t]
Bom apetite!	Guten Appetit!	[ˌgutən ˌʔapə'ti:t]

abrir (~ uma lata, etc.)	öffnen (vt)	['œfnən]
derramar (vt)	verschütten (vt)	[fɛɐ'ʃʏtən]
derramar-se (vp)	verschüttet werden	[fɛɐ'ʃʏtət 've:edən]

estar a ferver (água)	kochen (vi)	['kɔχən]
ferver (vt)	kochen (vt)	['kɔχən]
fervido	gekocht	[gə'kɔχt]
arrefecer (vt)	kühlen (vt)	['ky:lən]
arrefecer-se (vp)	abkühlen (vi)	['apˌky:lən]

sabor, gosto (m)	Geschmack (m)	[gə'ʃmak]
gostinho (m)	Beigeschmack (m)	['baɪgəˌʃmak]

fazer dieta	auf Diät sein	[aʊf di'ɛ:t zaɪn]
dieta (f)	Diät (f)	[di'ɛ:t]
vitamina (f)	Vitamin (n)	[vita'mi:n]
caloria (f)	Kalorie (f)	[kalo'ʀi:]
vegetariano (m)	Vegetarier (m)	[vege'ta:ʀɪɐ]
vegetariano	vegetarisch	[vege'ta:ʀɪʃ]

gorduras (f pl)	Fett (n)	[fɛt]
proteínas (f pl)	Protein (n)	[pʀote'i:n]
hidratos (m pl) de carbono	Kohlenhydrat (n)	['ko:lənhyˌdʀa:t]
fatia (~ de limão, etc.)	Scheibchen (n)	['ʃaɪpçən]
pedaço (~ de bolo)	Stück (n)	[ʃtʏk]
migalha (f)	Krümel (m)	['kʀy:məl]

51. Pratos cozinhados

prato (m)	Gericht (n)	[gə'ʀɪçt]
cozinha (~ portuguesa)	Küche (f)	['kʏçə]
receita (f)	Rezept (n)	[ʀe'tsɛpt]
porção (f)	Portion (f)	[pɔʀ'tsjo:n]
salada (f)	Salat (m)	[za'la:t]

sopa (f)	Suppe (f)	['zʊpə]
caldo (m)	Brühe (f), Bouillon (f)	['bʀy:ə], [bul'jɔŋ]
sandes (f)	belegtes Brot (n)	[bə'le:ktəs bʀo:t]
ovos (m pl) estrelados	Spiegelei (n)	['ʃpi:gəl͵ʔaɪ]

| hambúrguer (m) | Hamburger (m) | ['ham͵bʊʁgə] |
| bife (m) | Beefsteak (n) | ['bi:fʃte:k] |

conduto (m)	Beilage (f)	['baɪ͵la:gə]
espaguete (m)	Spaghetti (pl)	[ʃpa'gɛti]
puré (m) de batata	Kartoffelpüree (n)	[kaʁ'tɔfəl·py͵ʀe:]
pizza (f)	Pizza (f)	['pɪtsa]
papa (f)	Brei (m)	[bʀaɪ]
omelete (f)	Omelett (n)	[ɔm'lɛt]

cozido em água	gekocht	[gə'kɔχt]
fumado	geräuchert	[gə'ʀɔɪçet]
frito	gebraten	[gə'bʀa:tən]
seco	getrocknet	[gə'tʀɔknət]
congelado	tiefgekühlt	['ti:fgə͵ky:lt]
em vinagre	mariniert	[maʀi'ni:ət]

doce (açucarado)	süß	[zy:s]
salgado	salzig	['zaltsɪç]
frio	kalt	[kalt]
quente	heiß	[haɪs]
amargo	bitter	['bɪtə]
gostoso	lecker	['lɛkɐ]

cozinhar (em água a ferver)	kochen (vt)	['kɔχən]
fazer, preparar (vt)	zubereiten (vt)	['tsu:bə͵ʀaɪtən]
fritar (vt)	braten (vt)	['bʀa:tən]
aquecer (vt)	aufwärmen (vt)	['aʊf͵vɛʁmən]

salgar (vt)	salzen (vt)	['zaltsən]
apimentar (vt)	pfeffern (vt)	['pfɛfən]
ralar (vt)	reiben (vt)	['ʀaɪbən]
casca (f)	Schale (f)	['ʃa:lə]
descascar (vt)	schälen (vt)	['ʃɛ:lən]

52. Comida

carne (f)	Fleisch (n)	[flaɪʃ]
galinha (f)	Hühnerfleisch (n)	['hy:nɐ͵flaɪʃ]
frango (m)	Küken (n)	['ky:kən]
pato (m)	Ente (f)	['ɛntə]
ganso (m)	Gans (f)	[gans]
caça (f)	Wild (n)	[vɪlt]
peru (m)	Pute (f)	['pu:tə]

carne (f) de porco	Schweinefleisch (n)	['ʃvaɪnəˌflaɪʃ]
carne (f) de vitela	Kalbfleisch (n)	['kalpˌflaɪʃ]
carne (f) de carneiro	Hammelfleisch (n)	['haməlˌflaɪʃ]
carne (f) de vaca	Rindfleisch (n)	['ʀɪntˌflaɪʃ]
carne (f) de coelho	Kaninchenfleisch (n)	[ka'niːnçənˌflaɪʃ]
chouriço (m)	Wurst (f)	[vʊʀst]
salsicha (f)	Würstchen (n)	['vʏʀstçən]
bacon (m)	Schinkenspeck (m)	['ʃɪŋkənˌʃpɛk]
fiambre (f)	Schinken (m)	['ʃɪŋkən]
presunto (m)	Räucherschinken (m)	['ʀɔɪçɐˌʃɪŋkən]
patê (m)	Pastete (f)	[pas'teːtə]
iscas (f pl)	Leber (f)	['leːbɐ]
carne (f) moída	Hackfleisch (n)	['hakˌflaɪʃ]
língua (f)	Zunge (f)	['tsʊŋə]
ovo (m)	Ei (n)	[aɪ]
ovos (m pl)	Eier (pl)	['aɪɐ]
clara (f) do ovo	Eiweiß (n)	['aɪvaɪs]
gema (f) do ovo	Eigelb (n)	['aɪgɛlp]
peixe (m)	Fisch (m)	[fɪʃ]
marisco (m)	Meeresfrüchte (pl)	['meːʀəsˌfʀʏçtə]
crustáceos (m pl)	Krebstiere (pl)	['kʀeːpsˌtiːʀə]
caviar (m)	Kaviar (m)	['kaːvɪaʀ]
caranguejo (m)	Krabbe (f)	['kʀabə]
camarão (m)	Garnele (f)	[gaʀ'neːlə]
ostra (f)	Auster (f)	['aʊstɐ]
lagosta (f)	Languste (f)	[laŋ'gʊstə]
polvo (m)	Krake (m)	['kʀaːkə]
lula (f)	Kalmar (m)	['kalmaʀ]
esturjão (m)	Störfleisch (n)	['ʃtøːɐˌflaɪʃ]
salmão (m)	Lachs (m)	[laks]
halibute (m)	Heilbutt (m)	['haɪlbʊt]
bacalhau (m)	Dorsch (m)	[dɔʀʃ]
cavala (m), sarda (f)	Makrele (f)	[ma'kʀeːlə]
atum (m)	Tunfisch (m)	['tuːnfɪʃ]
enguia (f)	Aal (m)	[aːl]
truta (f)	Forelle (f)	[ˌfo'ʀɛlə]
sardinha (f)	Sardine (f)	[zaʀ'diːnə]
lúcio (m)	Hecht (m)	[hɛçt]
arenque (m)	Hering (m)	['heːʀɪŋ]
pão (m)	Brot (n)	[bʀoːt]
queijo (m)	Käse (m)	['kɛːzə]
açúcar (m)	Zucker (m)	['tsʊkɐ]
sal (m)	Salz (n)	[zalts]

arroz (m)	**Reis** (m)	[ʀaɪs]
massas (f pl)	**Teigwaren** (pl)	['taɪkˌvaːʀən]
talharim (m)	**Nudeln** (pl)	['nuːdəln]

manteiga (f)	**Butter** (f)	['bʊtɐ]
óleo (m)	**Pflanzenöl** (n)	['pflantsənˌʔøːl]
óleo (m) de girassol	**Sonnenblumenöl** (n)	['zɔnənbluːmənˌʔøːl]
margarina (f)	**Margarine** (f)	[maʀgaˈʀiːnə]

azeitonas (f pl)	**Oliven** (pl)	[oˈliːvən]
azeite (m)	**Olivenöl** (n)	[oˈliːvənˌʔøːl]

leite (m)	**Milch** (f)	[mɪlç]
leite (m) condensado	**Kondensmilch** (f)	[kɔnˈdɛnsˌmɪlç]
iogurte (m)	**Joghurt** (m, f)	['joːgʊʀt]
creme (m) azedo	**saure Sahne** (f)	['zaʊʀə 'zaːnə]
nata (f) do leite	**Sahne** (f)	['zaːnə]

maionese (f)	**Mayonnaise** (f)	[majɔˈnɛːzə]
creme (m)	**Buttercreme** (f)	['bʊtɐˌkʀɛːm]

grãos (m pl) de cereais	**Grütze** (f)	['gʀʏtsə]
farinha (f)	**Mehl** (n)	[meːl]
conservas (f pl)	**Konserven** (pl)	[kɔnˈzɛʀvən]

flocos (m pl) de milho	**Haferflocken** (pl)	['haːfɐˌflɔkən]
mel (m)	**Honig** (m)	['hoːnɪç]
doce (m)	**Marmelade** (f)	[ˌmaʀməˈlaːdə]
pastilha (f) elástica	**Kaugummi** (m, n)	['kaʊˌgʊmi]

53. Bebidas

água (f)	**Wasser** (n)	['vasɐ]
água (f) potável	**Trinkwasser** (n)	['tʀɪŋkˌvasɐ]
água (f) mineral	**Mineralwasser** (n)	[mineˈʀaːlˌvasɐ]

sem gás	**still**	[ʃtɪl]
gaseificada	**mit Kohlensäure**	[mɪt 'koːlənˌzɔɪʀə]
com gás	**mit Gas**	[mɪt gaːs]
gelo (m)	**Eis** (n)	[aɪs]
com gelo	**mit Eis**	[mɪt aɪs]

sem álcool	**alkoholfrei**	['alkohoːlˌfʀaɪ]
bebida (f) sem álcool	**alkoholfreies Getränk** (n)	['alkohoːlˌfʀaɪəs gəˈtʀɛŋk]
refresco (m)	**Erfrischungsgetränk** (n)	[ɛɐˈfʀɪʃʊŋsˌgəˌtʀɛŋk]
limonada (f)	**Limonade** (f)	[limoˈnaːdə]

bebidas (f pl) alcoólicas	**Spirituosen** (pl)	[ʃpiʀiˈtʊoːzən]
vinho (m)	**Wein** (m)	[vaɪn]
vinho (m) branco	**Weißwein** (m)	['vaɪsˌvaɪn]

vinho (m) tinto	Rotwein (m)	['ʀoːtˌvaɪn]
licor (m)	Likör (m)	[li'køːɐ]
champanhe (m)	Champagner (m)	[ʃam'panjɐ]
vermute (m)	Wermut (m)	['veːɐmuːt]

uísque (m)	Whisky (m)	['vɪski]
vodka (f)	Wodka (m)	['vɔtka]
gim (m)	Gin (m)	[dʒɪn]
conhaque (m)	Kognak (m)	['kɔnjak]
rum (m)	Rum (m)	[ʀʊm]

café (m)	Kaffee (m)	['kafe]
café (m) puro	schwarzer Kaffee (m)	['ʃvaʀtsɐ 'kafe]
café (m) com leite	Milchkaffee (m)	['mɪlçˌkaˌfeː]
cappuccino (m)	Cappuccino (m)	[ˌkapʊ'tʃiːno]
café (m) solúvel	Pulverkaffee (m)	['pʊlfɐˌkafe]

leite (m)	Milch (f)	[mɪlç]
coquetel (m)	Cocktail (m)	['kɔktɛɪl]
batido (m) de leite	Milchcocktail (m)	['mɪlçˌkɔktɛɪl]

sumo (m)	Saft (m)	[zaft]
sumo (m) de tomate	Tomatensaft (m)	[to'maːtənˌzaft]
sumo (m) de laranja	Orangensaft (m)	[o'ʀaːŋʒənˌzaft]
sumo (m) fresco	frisch gepresster Saft (m)	[fʀɪʃ gə'pʀɛstə zaft]

cerveja (f)	Bier (n)	[biːɐ]
cerveja (f) clara	Helles (n)	['hɛlɛs]
cerveja (m) preta	Dunkelbier (n)	['dʊŋkəlˌbiːɐ]

chá (m)	Tee (m)	[teː]
chá (m) preto	schwarzer Tee (m)	['ʃvaʀtsə 'teː]
chá (m) verde	grüner Tee (m)	['gʀyːnɐ teː]

54. Vegetais

| legumes (m pl) | Gemüse (n) | [gə'myːzə] |
| verduras (f pl) | grünes Gemüse (pl) | ['gʀyːnəs gə'myːzə] |

tomate (m)	Tomate (f)	[to'maːtə]
pepino (m)	Gurke (f)	['gʊʀkə]
cenoura (f)	Karotte (f)	[ka'ʀɔtə]
batata (f)	Kartoffel (f)	[kaʀ'tɔfəl]
cebola (f)	Zwiebel (f)	['tsviːbəl]
alho (m)	Knoblauch (m)	['knoːpˌlaʊχ]

couve (f)	Kohl (m)	[koːl]
couve-flor (f)	Blumenkohl (m)	['bluːmənˌkoːl]
couve-de-bruxelas (f)	Rosenkohl (m)	['ʀoːzənˌkoːl]
brócolos (m pl)	Brokkoli (m)	['bʀɔkoli]

beterraba (f)	Zuckerrübe (f)	['tsʊkɐˌʀy:bə]
beringela (f)	Aubergine (f)	[ˌobɛʀ'ʒi:nə]
curgete (f)	Zucchini (f)	[tsʊ'ki:ni]
abóbora (f)	Kürbis (m)	['kYʀbɪs]
nabo (m)	Rübe (f)	['ʀy:bə]

salsa (f)	Petersilie (f)	[petɐ'zi:lɪə]
funcho, endro (m)	Dill (m)	[dɪl]
alface (f)	Kopf Salat (m)	[kɔpf za'la:t]
aipo (m)	Sellerie (m)	['zɛlərɪ]
espargo (m)	Spargel (m)	['ʃpaʀgəl]
espinafre (m)	Spinat (m)	[ʃpi'na:t]

ervilha (f)	Erbse (f)	['ɛʀpsə]
fava (f)	Bohnen (pl)	['bo:nən]
milho (m)	Mais (m)	['maɪs]
feijão (m)	weiße Bohne (f)	['vaɪsə 'bo:nə]

pimentão (m)	Paprika (m)	['papʀika]
rabanete (m)	Radieschen (n)	[ʀa'di:sçən]
alcachofra (f)	Artischocke (f)	[aʀti'ʃɔkə]

55. Frutos. Nozes

fruta (f)	Frucht (f)	[fʀʊχt]
maçã (f)	Apfel (m)	['apfəl]
pera (f)	Birne (f)	['bɪʀnə]
limão (m)	Zitrone (f)	[tsi'tʀo:nə]
laranja (f)	Apfelsine (f)	[apfəl'zi:nə]
morango (m)	Erdbeere (f)	['e:ɐtˌbe:ʀə]

tangerina (f)	Mandarine (f)	[ˌmanda'ʀi:nə]
ameixa (f)	Pflaume (f)	['pflaʊmə]
pêssego (m)	Pfirsich (m)	['pfɪʀzɪç]
damasco (m)	Aprikose (f)	[ˌapʀi'ko:zə]
framboesa (f)	Himbeere (f)	['hɪmˌbe:ʀə]
ananás (m)	Ananas (f)	['ananas]

banana (f)	Banane (f)	[ba'na:nə]
melancia (f)	Wassermelone (f)	['vasɐmeˌlo:nə]
uva (f)	Weintrauben (pl)	['vaɪnˌtʀaʊbən]
ginja (f)	Sauerkirsche (f)	['zaʊɐˌkɪʀʃə]
cereja (f)	Herzkirsche (f)	['hɛʀtsˌkɪʀʃə]
meloa (f)	Melone (f)	[me'lo:nə]

toranja (f)	Grapefruit (f)	['gʀɛɪpˌfʀu:t]
abacate (m)	Avocado (f)	[avo'ka:do]
papaia (f)	Papaya (f)	[pa'pa:ja]
manga (f)	Mango (f)	['mango]
romã (f)	Granatapfel (m)	[gʀa'na:tˌʔapfəl]

groselha (f) vermelha	rote Johannisbeere (f)	['ʀo:tə jo:'hanɪsbe:ʀə]
groselha (f) preta	schwarze Johannisbeere (f)	['ʃvaʀtsə jo:'hanɪsbe:ʀə]
groselha (f) espinhosa	Stachelbeere (f)	['ʃtaχəl͵be:ʀə]
mirtilo (m)	Heidelbeere (f)	['haɪdəl͵be:ʀə]
amora silvestre (f)	Brombeere (f)	['bʀɔm͵be:ʀə]
uvas (f pl) passas	Rosinen (pl)	[ʀo'zi:nən]
figo (m)	Feige (f)	['faɪgə]
tâmara (f)	Dattel (f)	['datəl]
amendoim (m)	Erdnuss (f)	['e:ɐt͵nʊs]
amêndoa (f)	Mandel (f)	['mandəl]
noz (f)	Walnuss (f)	['val͵nʊs]
avelã (f)	Haselnuss (f)	['ha:zəl͵nʊs]
coco (m)	Kokosnuss (f)	['ko:kɔs͵nʊs]
pistáchios (m pl)	Pistazien (pl)	[pɪs'ta:tsɪən]

56. Pão. Bolaria

pastelaria (f)	Konditorwaren (pl)	[kɔn'dito:ɐ͵va:ʀən]
pão (m)	Brot (n)	[bʀo:t]
bolacha (f)	Keks (m, n)	[ke:ks]
chocolate (m)	Schokolade (f)	[ʃoko'la:də]
de chocolate	Schokoladen-	[ʃoko'la:dən]
rebuçado (m)	Bonbon (m, n)	[bɔŋ'bɔŋ]
bolo (cupcake, etc.)	Törtchen (n)	['tœʀtçən]
bolo (m) de aniversário	Torte (f)	['tɔʀtə]
tarte (~ de maçã)	Kuchen (m)	['ku:χən]
recheio (m)	Füllung (f)	['fʏlʊŋ]
doce (m)	Konfitüre (f)	[͵kɔnfi'ty:ʀə]
geleia (f) de frutas	Marmelade (f)	[͵maʀmə'la:də]
waffle (m)	Waffeln (pl)	[vafəln]
gelado (m)	Eis (n)	[aɪs]
pudim (m)	Pudding (m)	['pʊdɪŋ]

57. Especiarias

sal (m)	Salz (n)	[zalts]
salgado	salzig	['zaltsɪç]
salgar (vt)	salzen (vt)	['zaltsən]
pimenta (f) preta	schwarzer Pfeffer (m)	['ʃvaʀtsɐ 'pfɛfɐ]
pimenta (f) vermelha	roter Pfeffer (m)	['ʀo:tɐ 'pfɛfɐ]
mostarda (f)	Senf (m)	[zɛnf]

raiz-forte (f)	**Meerrettich** (m)	['meːɐ̯ˌʀɛtɪç]
condimento (m)	**Gewürz** (n)	[gə'vʏʁts]
especiaria (f)	**Würze** (f)	['vʏʁtsə]
molho (m)	**Soße** (f)	['zoːsə]
vinagre (m)	**Essig** (m)	['ɛsɪç]
anis (m)	**Anis** (m)	[a'niːs]
manjericão (m)	**Basilikum** (n)	[ba'ziːlikʊm]
cravo (m)	**Nelke** (f)	['nɛlkə]
gengibre (m)	**Ingwer** (m)	['ɪŋvɐ]
coentro (m)	**Koriander** (m)	[ko'ʀɪandɐ]
canela (f)	**Zimt** (m)	[tsɪmt]
sésamo (m)	**Sesam** (m)	['zeːzam]
folhas (f pl) de louro	**Lorbeerblatt** (n)	['lɔʁbeːɐ̯ˌblat]
páprica (f)	**Paprika** (m)	['papʁika]
cominho (m)	**Kümmel** (m)	['kʏməl]
açafrão (m)	**Safran** (m)	['zafʀan]

INFORMAÇÃO PESSOAL. FAMÍLIA

T&P Books Publishing

58. Informação pessoal. Formulários

nome (m)	**Vorname** (m)	['fo:ɐ̯ˌna:mə]
apelido (m)	**Name** (m)	['na:mə]
data (f) de nascimento	**Geburtsdatum** (n)	[gə'bu:ɐts͜ˌda:tʊm]
local (m) de nascimento	**Geburtsort** (m)	[gə'bu:ɐts͜ˌʔɔɐt]
nacionalidade (f)	**Nationalität** (f)	[natsjɔnali'tɛ:t]
lugar (m) de residência	**Wohnort** (m)	['vo:nˌʔɔɐt]
país (m)	**Staat** (m)	[ʃta:t]
profissão (f)	**Beruf** (m)	[bə'ʀu:f]
sexo (m)	**Geschlecht** (n)	[gə'ʃlɛçt]
estatura (f)	**Größe** (f)	['gʀø:sə]
peso (m)	**Gewicht** (n)	[gə'vɪçt]

59. Membros da família. Parentes

mãe (f)	**Mutter** (f)	['mʊtə]
pai (m)	**Vater** (m)	['fa:tə]
filho (m)	**Sohn** (m)	[zo:n]
filha (f)	**Tochter** (f)	['tɔxtə]
filha (f) mais nova	**jüngste Tochter** (f)	['jʏŋstə 'tɔxtə]
filho (m) mais novo	**jüngste Sohn** (m)	['jʏŋstə 'zo:n]
filha (f) mais velha	**ältere Tochter** (f)	['ɛltəʀə 'tɔxtə]
filho (m) mais velho	**älterer Sohn** (m)	['ɛltəʀə 'zo:n]
irmão (m)	**Bruder** (m)	['bʀu:də]
irmã (f)	**Schwester** (f)	['ʃvɛstə]
primo (m)	**Cousin** (m)	[ku'zɛŋ]
prima (f)	**Cousine** (f)	[ku'zi:nə]
mamã (f)	**Mutter** (f)	['mʊtə]
papá (m)	**Papa** (m)	['papa]
pais (pl)	**Eltern** (pl)	['ɛltən]
criança (f)	**Kind** (n)	[kɪnt]
crianças (f pl)	**Kinder** (pl)	['kɪndə]
avó (f)	**Großmutter** (f)	['gʀo:sˌmʊtə]
avô (m)	**Großvater** (m)	['gʀo:sˌfa:tə]
neto (m)	**Enkel** (m)	['ɛŋkəl]
neta (f)	**Enkelin** (f)	['ɛŋkəlɪn]
netos (pl)	**Enkelkinder** (pl)	['ɛŋkəlˌkɪndə]

tio (m)	Onkel (m)	['ɔŋkəl]
tia (f)	Tante (f)	['tantə]
sobrinho (m)	Neffe (m)	['nɛfə]
sobrinha (f)	Nichte (f)	['nɪçtə]

sogra (f)	Schwiegermutter (f)	['ʃviːgeˌmʊtə]
sogro (m)	Schwiegervater (m)	['ʃviːgeˌfaːtɐ]
genro (m)	Schwiegersohn (m)	['ʃviːgeˌzoːn]
madrasta (f)	Stiefmutter (f)	['ʃtiːfˌmʊtə]
padrasto (m)	Stiefvater (m)	['ʃtiːfˌfaːtɐ]

criança (f) de colo	Säugling (m)	['zɔɪklɪŋ]
bebé (m)	Kleinkind (n)	['klaɪnˌkɪnt]
menino (m)	Kleine (m)	['klaɪnə]

mulher (f)	Frau (f)	[fʀaʊ]
marido (m)	Mann (m)	[man]
esposo (m)	Ehemann (m)	['eːəˌman]
esposa (f)	Ehefrau (f)	['eːəˌfʀaʊ]

casado	verheiratet	[fɛɐ'haɪʀaːtət]
casada	verheiratet	[fɛɐ'haɪʀaːtət]
solteiro	ledig	['leːdɪç]
solteirão (m)	Junggeselle (m)	['jʊŋgəˌzɛlə]
divorciado	geschieden	[gə'ʃiːdən]
viúva (f)	Witwe (f)	['vɪtvə]
viúvo (m)	Witwer (m)	['vɪtvɐ]

parente (m)	Verwandte (m)	[fɛɐ'vantə]
parente (m) próximo	naher Verwandter (m)	['naːɐ fɛɐ'vantə]
parente (m) distante	entfernter Verwandter (m)	[ɛnt'fɛɐntə fɛɐ'vantə]
parentes (m pl)	Verwandte (pl)	[fɛɐ'vantə]

órfão (m), órfã (f)	Waise (m, f)	['vaɪzə]
tutor (m)	Vormund (m)	['foːɐˌmʊnt]
adotar (um filho)	adoptieren (vt)	[adɔp'tiːʀən]
adotar (uma filha)	adoptieren (vt)	[adɔp'tiːʀən]

60. Amigos. Colegas de trabalho

amigo (m)	Freund (m)	[fʀɔɪnt]
amiga (f)	Freundin (f)	['fʀɔɪndɪn]
amizade (f)	Freundschaft (f)	['fʀɔɪntʃaft]
ser amigos	befreundet sein	[bə'fʀɔɪndət zaɪn]

amigo (m)	Freund (m)	[fʀɔɪnt]
amiga (f)	Freundin (f)	['fʀɔɪndɪn]
parceiro (m)	Partner (m)	['paɐtnə]
chefe (m)	Chef (m)	[ʃɛf]
superior (m)	Vorgesetzte (m)	['foːɐgəˌzɛtstə]

proprietário (m)	**Besitzer** (m)	[bə'zɪtsɐ]
subordinado (m)	**Untergeordnete** (m)	['ʊntegə‚ʔɔʁtnətə]
colega (m)	**Kollege** (m), **Kollegin** (f)	[kɔ'leːgə], [kɔ'leːgɪn]
conhecido (m)	**Bekannte** (m)	[bə'kantə]
companheiro (m) de viagem	**Reisegefährte** (m)	['ʀaɪzə‚gə'fɛːɐtə]
colega (m) de classe	**Mitschüler** (m)	['mɪtʃyːlɐ]
vizinho (m)	**Nachbar** (m)	['naχ‚baːɐ]
vizinha (f)	**Nachbarin** (f)	['naχbaːʀɪn]
vizinhos (pl)	**Nachbarn** (pl)	['naχbaːɐn]

CORPO HUMANO. MEDICINA

T&P Books Publishing

cabeça (f)	**Kopf** (m)	[kɔpf]
cara (f)	**Gesicht** (n)	[gə'zɪçt]
nariz (m)	**Nase** (f)	['na:zə]
boca (f)	**Mund** (m)	[mʊnt]

olho (m)	**Auge** (n)	['aʊgə]
olhos (m pl)	**Augen** (pl)	['aʊgən]
pupila (f)	**Pupille** (f)	[pu'pɪlə]
sobrancelha (f)	**Augenbraue** (f)	['aʊgən‚bRaʊə]
pestana (f)	**Wimper** (f)	['vɪmpɐ]
pálpebra (f)	**Augenlid** (n)	['aʊgən‚li:t]

língua (f)	**Zunge** (f)	['tsʊŋə]
dente (m)	**Zahn** (m)	[tsa:n]
lábios (m pl)	**Lippen** (pl)	['lɪpən]
maçãs (f pl) do rosto	**Backenknochen** (pl)	['bakən‚knɔχən]
gengiva (f)	**Zahnfleisch** (n)	['tsa:n‚flaɪʃ]
céu (f) da boca	**Gaumen** (m)	['gaʊmən]

narinas (f pl)	**Nasenlöcher** (pl)	['na:zən‚lœçɐ]
queixo (m)	**Kinn** (n)	[kɪn]
mandíbula (f)	**Kiefer** (m)	['ki:fɐ]
bochecha (f)	**Wange** (f)	['vaŋə]

testa (f)	**Stirn** (f)	[ʃtɪʁn]
têmpora (f)	**Schläfe** (f)	['ʃlɛ:fə]
orelha (f)	**Ohr** (n)	[o:ɐ]
nuca (f)	**Nacken** (m)	['nakən]
pescoço (m)	**Hals** (m)	[hals]
garganta (f)	**Kehle** (f)	['ke:lə]

cabelos (m pl)	**Haare** (pl)	['ha:ʁə]
penteado (m)	**Frisur** (f)	[‚fʁi'zu:ɐ]
corte (m) de cabelo	**Haarschnitt** (m)	['ha:ɐʃnɪt]
peruca (f)	**Perücke** (f)	[pe'ʁʏkə]

bigode (m)	**Schnurrbart** (m)	['ʃnʊʁ‚ba:ɐt]
barba (f)	**Bart** (m)	[ba:ɐt]
usar, ter (~ barba, etc.)	**haben** (vt)	[ha:bən]
trança (f)	**Zopf** (m)	[tsɔpf]
suíças (f pl)	**Backenbart** (m)	['bakən‚ba:ɐt]

| ruivo | **rothaarig** | ['ʁo:t‚ha:ʁɪç] |
| grisalho | **grau** | [gʁaʊ] |

| calvo | kahl | [ka:l] |
| calva (f) | Glatze (f) | ['glatsə] |

| rabo-de-cavalo (m) | Pferdeschwanz (m) | ['pfe:ədəˌʃvants] |
| franja (f) | Pony (m) | ['pɔni] |

62. Corpo humano

| mão (f) | Hand (f) | [hant] |
| braço (m) | Arm (m) | [aʁm] |

dedo (m)	Finger (m)	['fɪŋə]
dedo (m) do pé	Zehe (f)	['tse:ə]
polegar (m)	Daumen (m)	['daʊmən]
dedo (m) mindinho	kleiner Finger (m)	['klaɪnɐ 'fɪŋə]
unha (f)	Nagel (m)	['na:gəl]

punho (m)	Faust (f)	[faʊst]
palma (f) da mão	Handfläche (f)	['hantˌflɛçə]
pulso (m)	Handgelenk (n)	['hantgəˌlɛŋk]
antebraço (m)	Unterarm (m)	['ʊntɐˌʔaʁm]
cotovelo (m)	Ellbogen (m)	['ɛlˌbo:gən]
ombro (m)	Schulter (f)	['ʃʊltɐ]

perna (f)	Bein (n)	[baɪn]
pé (m)	Fuß (m)	[fu:s]
joelho (m)	Knie (n)	[kni:]
barriga (f) da perna	Wade (f)	['va:də]

| anca (f) | Hüfte (f) | ['hʏftə] |
| talão (m) | Ferse (f) | ['fɛʁzə] |

corpo (m)	Körper (m)	['kœʁpɐ]
barriga (f)	Bauch (m)	['baʊχ]
peito (m)	Brust (f)	[bʁʊst]
seio (m)	Busen (m)	['bu:zən]
lado (m)	Seite (f), Flanke (f)	['zaɪtə], ['flaŋkə]
costas (f pl)	Rücken (m)	['ʁʏkən]

| região (f) lombar | Kreuz (n) | [kʁɔɪts] |
| cintura (f) | Taille (f) | ['taljə] |

umbigo (m)	Nabel (m)	['na:bəl]
nádegas (f pl)	Gesäße (pl)	[gə'zɛ:sə]
traseiro (m)	Hinterteil (n)	['hɪntɐˌtaɪl]

sinal (m)	Leberfleck (m)	['le:bɐˌflɛk]
sinal (m) de nascença	Muttermal (n)	['mʊtɐˌma:l]
tatuagem (f)	Tätowierung (f)	[tɛto'vi:ʁʊŋ]
cicatriz (f)	Narbe (f)	['naʁbə]

63. Doenças

doença (f)	Krankheit (f)	['kraŋkhaɪt]
estar doente	krank sein	[kraŋk zaɪn]
saúde (f)	Gesundheit (f)	[gə'zʊnthaɪt]
nariz (m) a escorrer	Schnupfen (m)	['ʃnʊpfən]
amigdalite (f)	Angina (f)	[aŋ'gi:na]
constipação (f)	Erkältung (f)	[ɛɐ'kɛltʊŋ]
constipar-se (vp)	sich erkälten	[zɪç ɛɐ'kɛltən]
bronquite (f)	Bronchitis (f)	[brɔn'çi:tɪs]
pneumonia (f)	Lungenentzündung (f)	['lʊŋən?ɛntˌtsʏndʊŋ]
gripe (f)	Grippe (f)	['grɪpə]
míope	kurzsichtig	['kʊɐtsˌzɪçtɪç]
presbita	weitsichtig	['vaɪtˌzɪçtɪç]
estrabismo (m)	Schielen (n)	['ʃi:lən]
estrábico	schielend	['ʃi:lənt]
catarata (f)	grauer Star (m)	['graʊɐ ʃta:ɐ]
glaucoma (m)	Glaukom (n)	[glau'ko:m]
AVC (m), apoplexia (f)	Schlaganfall (m)	['ʃla:k?anˌfal]
ataque (m) cardíaco	Infarkt (m)	[ɪn'faɐkt]
enfarte (m) do miocárdio	Herzinfarkt (m)	['hɛɐts?ɪnˌfaɐkt]
paralisia (f)	Lähmung (f)	['lɛ:mʊŋ]
paralisar (vt)	lähmen (vt)	['lɛ:mən]
alergia (f)	Allergie (f)	[ˌalɛɐ'gi:]
asma (f)	Asthma (n)	['astma]
diabetes (f)	Diabetes (m)	[dia'be:tɛs]
dor (f) de dentes	Zahnschmerz (m)	['tsa:nˌʃmɛɐts]
cárie (f)	Karies (f)	['ka:ʁɪɛs]
diarreia (f)	Durchfall (m)	['dʊɐçˌfal]
prisão (f) de ventre	Verstopfung (f)	[fɛɐ'ʃtopfʊŋ]
desarranjo (m) intestinal	Magenverstimmung (f)	['ma:gən·fɛɐˌʃtɪmʊŋ]
intoxicação (f) alimentar	Vergiftung (f)	[fɛɐ'gɪftʊŋ]
intoxicar-se	sich vergiften	[zɪç fɛɐ'gɪftən]
artrite (f)	Arthritis (f)	[aɐ'tʁi:tɪs]
raquitismo (m)	Rachitis (f)	[ʁa'χi:tɪs]
reumatismo (m)	Rheumatismus (m)	[ʁɔɪma'tɪsmʊs]
arteriosclerose (f)	Atherosklerose (f)	[atɛʁoskle'ʁo:zə]
gastrite (f)	Gastritis (f)	[gas'tʁi:tɪs]
apendicite (f)	Blinddarmentzündung (f)	['blɪntdaɐm?ɛntˌtsʏndʊŋ]
colecistite (f)	Cholezystitis (f)	[çoletsʏs'ti:tɪs]
úlcera (f)	Geschwür (n)	[gə'ʃvy:ɐ]
sarampo (m)	Masern (pl)	['ma:zɐn]

rubéola (f)	Röteln (pl)	['ʀøːtəln]
iterícia (f)	Gelbsucht (f)	['gɛlp‚zuχt]
hepatite (f)	Hepatitis (f)	[‚hepa'tiːtɪs]

esquizofrenia (f)	Schizophrenie (f)	[ʃitsofʀe'niː]
raiva (f)	Tollwut (f)	['tɔl‚vuːt]
neurose (f)	Neurose (f)	[nɔɪ'ʀoːzə]
comoção (f) cerebral	Gehirnerschütterung (f)	[gə'hɪʀnʔɛɐ̯ʃʏtəʀʊŋ]

cancro (m)	Krebs (m)	[kʀeːps]
esclerose (f)	Sklerose (f)	[skle'ʀoːzə]
esclerose (f) múltipla	multiple Sklerose (f)	[mʊl'tiːplə skle'ʀoːzə]

alcoolismo (m)	Alkoholismus (m)	[‚alkoho'lɪsmʊs]
alcoólico (m)	Alkoholiker (m)	[alko'hoːlikɐ]
sífilis (f)	Syphilis (f)	['zyːfilɪs]
SIDA (f)	AIDS	['eɪts]

tumor (m)	Tumor (m)	['tuːmoːɐ]
maligno	bösartig	['bøːs‚ʔaːɐ̯tɪç]
benigno	gutartig	['guːt‚ʔaːɐ̯tɪç]
febre (f)	Fieber (n)	['fiːbɐ]
malária (f)	Malaria (f)	[ma'laːʀɪa]
gangrena (f)	Gangrän (f, n)	[gaŋ'gʀɛːn]
enjoo (m)	Seekrankheit (f)	['zeː‚kʀaŋkhaɪt]
epilepsia (f)	Epilepsie (f)	[epilɛ'psiː]

epidemia (f)	Epidemie (f)	[epide'miː]
tifo (m)	Typhus (m)	['tyːfʊs]
tuberculose (f)	Tuberkulose (f)	[tubɛʀku'loːzə]
cólera (f)	Cholera (f)	['koːleʀa]
peste (f)	Pest (f)	[pɛst]

64. Simtomas. Tratamentos. Parte 1

sintoma (m)	Symptom (n)	[zʏmp'toːm]
temperatura (f)	Temperatur (f)	[tɛmpəʀa'tuːɐ]
febre (f)	Fieber (n)	['fiːbɐ]
pulso (m)	Puls (m)	[pʊls]

vertigem (f)	Schwindel (m)	['ʃvɪndəl]
quente (testa, etc.)	heiß	[haɪs]
calafrio (m)	Schüttelfrost (m)	['ʃʏtəl‚fʀɔst]
pálido	blass	[blas]

tosse (f)	Husten (m)	['huːstən]
tossir (vi)	husten (vi)	['huːstən]
espirrar (vi)	niesen (vi)	['niːzən]
desmaio (m)	Ohnmacht (f)	['oːn‚maχt]
desmaiar (vi)	ohnmächtig werden	['oːn‚mɛçtɪç 'veːɐ̯dən]

nódoa (f) negra	blauer Fleck (m)	['blaʊɐ flɛk]
galo (m)	Beule (f)	['bɔɪlə]
magoar-se (vp)	sich stoßen	[zɪç 'ʃto:sən]
pisadura (f)	Prellung (f)	['pʀɛlʊŋ]
aleijar-se (vp)	sich stoßen	[zɪç 'ʃto:sən]

coxear (vi)	hinken (vi)	['hɪŋkən]
deslocação (f)	Verrenkung (f)	[fɛɐ'ʀɛnkʊŋ]
deslocar (vt)	ausrenken (vt)	['aʊs‚ʀɛŋkən]
fratura (f)	Fraktur (f)	[fʀak'tu:ɐ]
fraturar (vt)	brechen (vt)	['bʀɛçən]

corte (m)	Schnittwunde (f)	['ʃnɪt‚vʊndə]
cortar-se (vp)	sich schneiden	[zɪç 'ʃnaɪdən]
hemorragia (f)	Blutung (f)	['blu:tʊŋ]

| queimadura (f) | Verbrennung (f) | [fɛɐ'bʀɛnʊŋ] |
| queimar-se (vp) | sich verbrennen | [zɪç fɛɐ'bʀɛnən] |

picar (vt)	stechen (vt)	['ʃtɛçən]
picar-se (vp)	sich stechen	[zɪç 'ʃtɛçən]
lesionar (vt)	verletzen (vt)	[fɛɐ'lɛtsən]
lesão (m)	Verletzung (f)	[fɛɐ'lɛtsʊŋ]
ferida (f), ferimento (m)	Wunde (f)	['vʊndə]
trauma (m)	Trauma (n)	['tʀaʊma]

delirar (vi)	irrereden (vi)	['ɪʀə‚ʀe:dən]
gaguejar (vi)	stottern (vi)	['ʃtoten]
insolação (f)	Sonnenstich (m)	['zɔnənʃtɪç]

65. Simtomas. Tratamentos. Parte 2

| dor (f) | Schmerz (m) | [ʃmɛʁts] |
| farpa (no dedo) | Splitter (m) | ['ʃplɪtɐ] |

suor (m)	Schweiß (m)	[ʃvaɪs]
suar (vi)	schwitzen (vi)	['ʃvɪtsən]
vómito (m)	Erbrechen (n)	[ɛɐ'bʀɛçən]
convulsões (f pl)	Krämpfe (pl)	['kʀɛmpfə]

grávida	schwangere	['ʃvaŋəʀə]
nascer (vi)	geboren sein	[gə'bo:ʀən zaɪn]
parto (m)	Geburt (f)	[gə'bu:ɐt]
dar â luz	gebären (vt)	[gə'bɛ:ʀən]
aborto (m)	Abtreibung (f)	['ap‚tʀaɪbʊŋ]

respiração (f)	Atem (m)	['a:təm]
inspiração (f)	Atemzug (m)	['a:təm‚tsu:k]
expiração (f)	Ausatmung (f)	['aʊsʔa:tmʊŋ]
expirar (vi)	ausatmen (vt)	['aʊs‚ʔa:tmən]

inspirar (vi)	einatmen (vt)	['aɪn,ʔaːtmən]
inválido (m)	Invalide (m)	[ɪnva'liːdə]
aleijado (m)	Krüppel (m)	['kʀʏpəl]
toxicodependente (m)	Drogenabhängiger (m)	['dʀoːgən,ʔaphɛŋɪgə]

surdo	taub	[taʊp]
mudo	stumm	[ʃtʊm]
surdo-mudo	taubstumm	['taʊp,ʃtʊm]

louco (adj.)	verrückt	[fɛɐ'ʀʏkt]
louco (m)	Irre (m)	['ɪʀə]
louca (f)	Irre (f)	['ɪʀə]
ficar louco	den Verstand verlieren	[den fɛɐ'ʃtant fɛɐ'liːʀən]

gene (m)	Gen (n)	[geːn]
imunidade (f)	Immunität (f)	[ɪmuni'tɛːt]
hereditário	erblich	['ɛɐplɪç]
congénito	angeboren	['angə,boːʀən]

vírus (m)	Virus (m, n)	['viːʀʊs]
micróbio (m)	Mikrobe (f)	[mi'kʀoːbə]
bactéria (f)	Bakterie (f)	[bak'teːʀɪə]
infeção (f)	Infektion (f)	[ɪnfɛk'tsjoːn]

66. Simtomas. Tratamentos. Parte 3

hospital (m)	Krankenhaus (n)	['kʀaŋkən,haʊs]
paciente (m)	Patient (m)	[pa'tsɪɛnt]

diagnóstico (m)	Diagnose (f)	[dia'gnoːzə]
cura (f)	Heilung (f)	['haɪlʊŋ]
tratamento (m) médico	Behandlung (f)	[bə'handlʊŋ]
curar-se (vp)	Behandlung bekommen	[bə'handlʊŋ bə'kɔmən]
tratar (vt)	pflegen (vt)	['pfleːgən]
cuidar (pessoa)	pflegen (vt)	['pfleːgən]
cuidados (m pl)	Pflege (f)	['pfleːgə]

operação (f)	Operation (f)	[opəʀa'tsjoːn]
pôr uma ligadura	verbinden (vt)	[fɛɐ'bɪndən]
ligadura (f)	Verband (m)	[fɛɐ'bant]

vacinação (f)	Impfung (f)	['ɪmpfʊŋ]
vacinar (vt)	impfen (vt)	['ɪmpfən]
injeção (f)	Spritze (f)	['ʃpʀɪtsə]
dar uma injeção	eine Spritze geben	['aɪnə 'ʃpʀɪtsə 'geːbən]

ataque (~ de asma, etc.)	Anfall (m)	['an,fal]
amputação (f)	Amputation (f)	[amputa'tsjoːn]
amputar (vt)	amputieren (vt)	[ampu'tiːʀən]
coma (m)	Koma (n)	['koːma]

| estar em coma | im Koma liegen | [ɪm 'koːma 'liːɡən] |
| reanimação (f) | Reanimation (f) | [ʀeʔanima'tsjoːn] |

recuperar-se (vp)	genesen von …	[ɡə'neːzən fɔn]
estado (~ de saúde)	Zustand (m)	['tsuːʃtant]
consciência (f)	Bewusstsein (n)	[bə'vʊstzaɪn]
memória (f)	Gedächtnis (n)	[ɡə'dɛçtnɪs]

tirar (vt)	ziehen (vt)	['tsiːən]
chumbo (m), obturação (f)	Plombe (f)	['plɔmbə]
chumbar, obturar (vt)	plombieren (vt)	[plɔm'biːʀən]

| hipnose (f) | Hypnose (f) | [hʏp'noːzə] |
| hipnotizar (vt) | hypnotisieren (vt) | [hʏpnoti'ziːʀən] |

67. Medicina. Drogas. Acessórios

medicamento (m)	Arznei (f)	[aʁts'naɪ]
remédio (m)	Heilmittel (n)	['haɪl,mɪtəl]
receitar (vt)	verschreiben (vt)	[fɛɐ'ʃʀaɪbən]
receita (f)	Rezept (n)	[ʀe'tsɛpt]

comprimido (m)	Tablette (f)	[tab'letə]
pomada (f)	Salbe (f)	['zalbə]
ampola (f)	Ampulle (f)	[am'pʊlə]
preparado (m)	Mixtur (f)	[mɪks'tuːɐ]
xarope (m)	Sirup (m)	['ziːʀʊp]
cápsula (f)	Pille (f)	['pɪlə]
remédio (m) em pó	Pulver (n)	['pʊlfɐ]

ligadura (f)	Verband (m)	[fɛɐ'bant]
algodão (m)	Watte (f)	['vatə]
iodo (m)	Jod (n)	[joːt]

penso (m) rápido	Pflaster (n)	['pflastɐ]
conta-gotas (f)	Pipette (f)	[pi'pɛtə]
termómetro (m)	Thermometer (n)	[tɛɐmo'meːtɐ]
seringa (f)	Spritze (f)	['ʃpʀɪtsə]

| cadeira (m) de rodas | Rollstuhl (m) | ['ʀɔlʃtuːl] |
| muletas (f pl) | Krücken (pl) | ['kʀʏkən] |

analgésico (m)	Betäubungsmittel (n)	[bə'tɔɪbʊŋs,mɪtəl]
laxante (m)	Abführmittel (n)	['apfyːɐ,mɪtəl]
álcool (m) etílico	Spiritus (m)	['spiːʀitʊs]
ervas (f pl) medicinais	Heilkraut (n)	['haɪl,kʀaʊt]
de ervas (chá ~)	Kräuter-	['kʀɔɪtɐ]

APARTAMENTO

T&P Books Publishing

68. Apartamento

apartamento (m)	**Wohnung** (f)	['vo:nʊŋ]
quarto (m)	**Zimmer** (n)	['tsɪmɐ]
quarto (m) de dormir	**Schlafzimmer** (n)	['ʃla:f͜ˌtsɪmɐ]
sala (f) de jantar	**Esszimmer** (n)	['ɛsˌtsɪmɐ]
sala (f) de estar	**Wohnzimmer** (n)	['vo:nˌtsɪmɐ]
escritório (m)	**Arbeitszimmer** (n)	['aʁbaɪtsˌtsɪmɐ]
antessala (f)	**Vorzimmer** (n)	['fo:ɐˌtsɪmɐ]
quarto (m) de banho	**Badezimmer** (n)	['ba:dəˌtsɪmɐ]
quarto (m) de banho	**Toilette** (f)	[toa'lɛtə]
teto (m)	**Decke** (f)	['dɛkə]
chão, soalho (m)	**Fußboden** (m)	['fu:sˌbo:dən]
canto (m)	**Ecke** (f)	['ɛkə]

69. Mobiliário. Interior

mobiliário (m)	**Möbel** (n)	['mø:bəl]
mesa (f)	**Tisch** (m)	[tɪʃ]
cadeira (f)	**Stuhl** (m)	[ʃtu:l]
cama (f)	**Bett** (n)	[bɛt]
divã (m)	**Sofa** (n)	['zo:fa]
cadeirão (m)	**Sessel** (m)	['zɛsəl]
biblioteca (f)	**Bücherschrank** (m)	['by:çɐˌʃʁaŋk]
prateleira (f)	**Regal** (n)	[ʁe'ga:l]
guarda-vestidos (m)	**Schrank** (m)	[ʃʁaŋk]
cabide (m) de parede	**Hakenleiste** (f)	['ha:kənˌlaɪstə]
cabide (m) de pé	**Kleiderständer** (m)	['klaɪdɐˌʃtɛndɐ]
cómoda (f)	**Kommode** (f)	[kɔ'mo:də]
mesinha (f) de centro	**Couchtisch** (m)	['kaʊtʃˌtɪʃ]
espelho (m)	**Spiegel** (m)	['ʃpi:gəl]
tapete (m)	**Teppich** (m)	['tɛpɪç]
tapete (m) pequeno	**Matte** (f)	['matə]
lareira (f)	**Kamin** (m)	[ka'mi:n]
vela (f)	**Kerze** (f)	['kɛʁtsə]
castiçal (m)	**Kerzenleuchter** (m)	['kɛʁtsənˌlɔɪçtɐ]
cortinas (f pl)	**Vorhänge** (pl)	['fo:ɐhɛŋə]

| papel (m) de parede | Tapete (f) | [ta'pe:tə] |
| estores (f pl) | Jalousie (f) | [ʒalu'zi:] |

candeeiro (m) de mesa	Tischlampe (f)	['tɪʃˌlampə]
candeeiro (m) de parede	Leuchte (f)	['lɔɪçtə]
candeeiro (m) de pé	Stehlampe (f)	['ʃte:ˌlampə]
lustre (m)	Kronleuchter (m)	['kʀo:nˌlɔɪçtɐ]

perna (da cadeira, etc.)	Bein (n)	[baɪn]
braço (m)	Armlehne (f)	['aʁmˌle:nə]
costas (f pl)	Lehne (f)	['le:nə]
gaveta (f)	Schublade (f)	['ʃu:pˌla:də]

70. Quarto de dormir

roupa (f) de cama	Bettwäsche (f)	['bɛtˌvɛʃə]
almofada (f)	Kissen (n)	['kɪsən]
fronha (f)	Kissenbezug (m)	['kɪsən·bəˌtsu:k]
cobertor (m)	Bettdecke (f)	['bɛtˌdɛkə]
lençol (m)	Laken (n)	['la:kən]
colcha (f)	Tagesdecke (f)	['ta:gəsˌdɛkə]

71. Cozinha

cozinha (f)	Küche (f)	['kʏçə]
gás (m)	Gas (n)	[ga:s]
fogão (m) a gás	Gasherd (m)	['ga:sˌheːɐt]
fogão (m) elétrico	Elektroherd (m)	[e'lɛktʀoˌheːɐt]
forno (m)	Backofen (m)	['bakˌʔoːfən]
forno (m) de micro-ondas	Mikrowellenherd (m)	['mikʀovɛlənˌheːɐt]

frigorífico (m)	Kühlschrank (m)	['ky:lˌʃʀaŋk]
congelador (m)	Tiefkühltruhe (f)	['ti:fky:lˌtʀu:ə]
máquina (f) de lavar louça	Geschirrspülmaschine (f)	[gə'ʃɪʁ·ʃpy:l·maˌʃi:nə]

moedor (m) de carne	Fleischwolf (m)	['flaɪʃˌvɔlf]
espremedor (m)	Saftpresse (f)	['zaftˌpʀɛsə]
torradeira (f)	Toaster (m)	['to:stɐ]
batedeira (f)	Mixer (m)	['mɪksɐ]

máquina (f) de café	Kaffeemaschine (f)	['kafe·maˌʃi:nə]
cafeteira (f)	Kaffeekanne (f)	['kafeˌkanə]
moinho (m) de café	Kaffeemühle (f)	['kafeˌmy:lə]

chaleira (f)	Wasserkessel (m)	['vasɐˌkɛsəl]
bule (m)	Teekanne (f)	['te:ˌkanə]
tampa (f)	Deckel (m)	['dɛkəl]
coador (f) de chá	Teesieb (n)	['te:ˌzi:p]

colher (f)	Löffel (m)	['lœfəl]
colher (f) de chá	Teelöffel (m)	['te:ˌlœfəl]
colher (f) de sopa	Esslöffel (m)	['ɛsˌlœfəl]
garfo (m)	Gabel (f)	[ga:bəl]
faca (f)	Messer (n)	['mɛsə]

louça (f)	Geschirr (n)	[gə'ʃɪʁ]
prato (m)	Teller (m)	['tɛlə]
pires (m)	Untertasse (f)	['ʊnteˌtasə]

cálice (m)	Weinglas (n)	['vaɪnˌgla:s]
copo (m)	Glas (n)	[gla:s]
chávena (f)	Tasse (f)	['tasə]

açucareiro (m)	Zuckerdose (f)	['tsʊkeˌdo:zə]
saleiro (m)	Salzstreuer (m)	['zaltsˌʃtʁɔɪɐ]
pimenteiro (m)	Pfefferstreuer (m)	['pfɛfeˌʃtʁɔɪɐ]
manteigueira (f)	Butterdose (f)	['bʊteˌdo:zə]

panela (f)	Kochtopf (m)	['kɔχˌtɔpf]
frigideira (f)	Pfanne (f)	['pfanə]
concha (f)	Schöpflöffel (m)	['ʃœpfˌlœfəl]
passador (m)	Durchschlag (m)	['dʊʁçˌʃla:k]
bandeja (f)	Tablett (n)	[ta'blɛt]

garrafa (f)	Flasche (f)	['flaʃə]
boião (m) de vidro	Einmachglas (n)	['aɪnmaχˌgla:s]
lata (f)	Dose (f)	['do:zə]

abridor (m) de garrafas	Flaschenöffner (m)	['flaʃənˌʔœfnɐ]
abre-latas (m)	Dosenöffner (m)	['do:zənˌʔœfnɐ]
saca-rolhas (m)	Korkenzieher (m)	['kɔʁkənˌtsi:ɐ]
filtro (m)	Filter (n)	['fɪltɐ]
filtrar (vt)	filtern (vt)	['fɪltɐn]

| lixo (m) | Müll (m) | [mʏl] |
| balde (m) do lixo | Mülleimer (m) | ['mʏlˌʔaɪmɐ] |

72. Casa de banho

quarto (m) de banho	Badezimmer (n)	['ba:dəˌtsɪmɐ]
água (f)	Wasser (n)	['vasɐ]
torneira (f)	Wasserhahn (m)	['vaseˌha:n]
água (f) quente	Warmwasser (n)	['vaʁmˌvasɐ]
água (f) fria	Kaltwasser (n)	['kaltˌvasɐ]

pasta (f) de dentes	Zahnpasta (f)	['tsa:nˌpasta]
escovar os dentes	Zähne putzen	['tsɛːnə 'pʊtsən]
escova (f) de dentes	Zahnbürste (f)	['tsa:nˌbʏʁstə]
barbear-se (vp)	sich rasieren	[zɪç ʁa'zi:ʁən]

| espuma (f) de barbear | Rasierschaum (m) | [ʀa'ziːɐˌʃaʊm] |
| máquina (f) de barbear | Rasierer (m) | [ʀa'ziːʀɐ] |

lavar (vt)	waschen (vt)	['vaʃən]
lavar-se (vp)	sich waschen	[zɪç 'vaʃən]
duche (m)	Dusche (f)	['duːʃə]
tomar um duche	sich duschen	[zɪç 'duːʃən]

banheira (f)	Badewanne (f)	['baːdəˌvanə]
sanita (f)	Klosettbecken (n)	[klo'zɛtˌbɛkən]
lavatório (m)	Waschbecken (n)	['vaʃˌbɛkən]

| sabonete (m) | Seife (f) | ['zaɪfə] |
| saboneteira (f) | Seifenschale (f) | ['zaɪfənˌʃaːlə] |

esponja (f)	Schwamm (m)	[ʃvam]
champô (m)	Shampoo (n)	['ʃampu]
toalha (f)	Handtuch (n)	['hantˌtuːx]
roupão (m) de banho	Bademantel (m)	['baːdəˌmantəl]

lavagem (f)	Wäsche (f)	['vɛʃə]
máquina (f) de lavar	Waschmaschine (f)	['vaʃ·maˌʃiːnə]
lavar a roupa	waschen (vt)	['vaʃən]
detergente (m)	Waschpulver (n)	['vaʃˌpʊlvɐ]

73. Eletrodomésticos

televisor (m)	Fernseher (m)	['fɛʀnˌzeːɐ]
gravador (m)	Tonbandgerät (n)	['toːnbant·gəˌʀɛːt]
videogravador (m)	Videorekorder (m)	['video·ʀeˌkɔʀdɐ]
rádio (m)	Empfänger (m)	[ɛm'pfɛŋɐ]
leitor (m)	Player (m)	['plɛɪɐ]

projetor (m)	Videoprojektor (m)	['viːdeo·pʀoˌjɛktoːɐ]
cinema (m) em casa	Heimkino (n)	['haɪmkiːno]
leitor (m) de DVD	DVD-Player (m)	[defaʊ'deːˌplɛɪɐ]
amplificador (m)	Verstärker (m)	[fɛɐ'ʃtɛʀkɐ]
console (f) de jogos	Spielkonsole (f)	['ʃpiːl·kɔnˌzoːlə]

câmara (f) de vídeo	Videokamera (f)	['viːdeoˌkaməʀa]
máquina (f) fotográfica	Kamera (f)	['kaməʀa]
câmara (f) digital	Digitalkamera (f)	[digi'taːlˌkaməʀa]

aspirador (m)	Staubsauger (m)	['ʃtaʊpˌzaʊgɐ]
ferro (m) de engomar	Bügeleisen (n)	['byːgəlˌʔaɪzən]
tábua (f) de engomar	Bügelbrett (n)	['byːgəlˌbʀɛt]

telefone (m)	Telefon (n)	[tele'foːn]
telemóvel (m)	Mobiltelefon (n)	[mo'biːl·teleˌfoːn]
máquina (f) de escrever	Schreibmaschine (f)	['ʃʀaɪp·maˌʃiːnə]

máquina (f) de costura	**Nähmaschine** (f)	['nɛːˌmaʃiːnə]
microfone (m)	**Mikrophon** (n)	[mikʁoˈfoːn]
auscultadores (m pl)	**Kopfhörer** (m)	['kɔpfˌhøːʁɐ]
controlo remoto (m)	**Fernbedienung** (f)	['fɛʁnbəˌdiːnʊŋ]
CD (m)	**CD** (f)	[tseːˈdeː]
cassete (f)	**Kassette** (f)	[kaˈsɛtə]
disco (m) de vinil	**Schallplatte** (f)	['ʃalˌplatə]

A TERRA. TEMPO

T&P Books Publishing

74. Espaço sideral

cosmos (m)	**Kosmos** (m)	['kɔsmɔs]
cósmico	**kosmisch, Raum-**	['kɔsmɪʃ], ['ʀaʊm]
espaço (m) cósmico	**Weltraum** (m)	['vɛltʀaʊm]
mundo (m)	**All** (n)	[al]
universo (m)	**Universum** (n)	[uni'vɛʀzʊm]
galáxia (f)	**Galaxie** (f)	[gala'ksi:]
estrela (f)	**Stern** (m)	[ʃtɛʀn]
constelação (f)	**Gestirn** (n)	[gə'ʃtɪʀn]
planeta (m)	**Planet** (m)	[pla'ne:t]
satélite (m)	**Satellit** (m)	[zatɛ'li:t]
meteorito (m)	**Meteorit** (m)	[meteo'ʀi:t]
cometa (m)	**Komet** (m)	[ko'me:t]
asteroide (m)	**Asteroid** (m)	[asteʀo'i:t]
órbita (f)	**Umlaufbahn** (f)	['ʊmlaʊf,ba:n]
girar (vi)	**sich drehen**	[zɪç 'dʀe:ən]
atmosfera (f)	**Atmosphäre** (f)	[ʔatmo'sfɛ:ʀə]
Sol (m)	**Sonne** (f)	['zɔnə]
Sistema (m) Solar	**Sonnensystem** (n)	['zɔnən·zʏs,te:m]
eclipse (m) solar	**Sonnenfinsternis** (f)	['zɔnən,fɪnstɛnɪs]
Terra (f)	**Erde** (f)	['e:ɐdə]
Lua (f)	**Mond** (m)	[mo:nt]
Marte (m)	**Mars** (m)	[maʀs]
Vénus (m)	**Venus** (f)	['ve:nʊs]
Júpiter (m)	**Jupiter** (m)	['ju:pitɐ]
Saturno (m)	**Saturn** (m)	[za'tʊʀn]
Mercúrio (m)	**Merkur** (m)	[mɛʀ'ku:ɐ]
Urano (m)	**Uran** (m)	[u'ʀa:n]
Neptuno (m)	**Neptun** (m)	[nɛp'tu:n]
Plutão (m)	**Pluto** (m)	['plu:to]
Via Láctea (f)	**Milchstraße** (f)	['mɪlç,ʃtʀa:sə]
Ursa Maior (f)	**Der Große Bär**	[de:ɐ 'gʀo:sə bɛ:ɐ]
Estrela Polar (f)	**Polarstern** (m)	[po'la:ɐ,ʃtɛʀn]
marciano (m)	**Marsbewohner** (m)	['maʀs·bə,vo:nɐ]
extraterrestre (m)	**Außerirdischer** (m)	['aʊsɐ,ʔɪʀdɪʃɐ]

| alienígena (m) | außerirdisches Wesen (n) | ['aʊsɐˌʔɪʁdɪʃəs 'veːzən] |
| disco (m) voador | fliegende Untertasse (f) | ['fliːɡəndə 'ʊntɐˌtasə] |

nave (f) espacial	Raumschiff (n)	['ʀaʊmˌʃɪf]
estação (f) orbital	Raumstation (f)	['ʀaʊm·ʃtatsjoːn]
lançamento (m)	Raketenstart (m)	[ʀa'keːtənˌʃtaʁt]

motor (m)	Motor (m)	['moːtoːɐ]
bocal (m)	Düse (f)	['dyːzə]
combustível (m)	Treibstoff (m)	['tʀaɪpˌʃtɔf]

cabine (f)	Kabine (f)	[ka'biːnə]
antena (f)	Antenne (f)	[an'tɛnə]
vigia (f)	Bullauge (n)	['bʊlˌʔaʊɡə]
bateria (f) solar	Sonnenbatterie (f)	['zɔnənˌbatə'ʀiː]
traje (m) espacial	Raumanzug (m)	['ʀaʊmˌʔantsuːk]

| imponderabilidade (f) | Schwerelosigkeit (f) | ['ʃveːʀɐˌloːzɪçkaɪt] |
| oxigénio (m) | Sauerstoff (m) | ['zaʊɐˌʃtɔf] |

| acoplagem (f) | Ankopplung (f) | ['ankɔplʊŋ] |
| fazer uma acoplagem | koppeln (vi) | ['kɔpəln] |

observatório (m)	Observatorium (n)	[ɔpzɛʀva'toːʀiʊm]
telescópio (m)	Teleskop (n)	[tele'skoːp]
observar (vt)	beobachten (vt)	[bə'ʔoːbaχtən]
explorar (vt)	erforschen (vt)	[ɛɐ'fɔʁʃən]

75. A Terra

Terra (f)	Erde (f)	['eːɐdə]
globo terrestre (Terra)	Erdkugel (f)	['eːɐt·kuːɡəl]
planeta (m)	Planet (m)	[pla'neːt]

atmosfera (f)	Atmosphäre (f)	[ʔatmo'sfɛːʀə]
geografia (f)	Geographie (f)	[ˌɡeoɡʀa'fiː]
natureza (f)	Natur (f)	[na'tuːɐ]

globo (mapa esférico)	Globus (m)	['ɡloːbʊs]
mapa (m)	Landkarte (f)	['lantˌkaʁtə]
atlas (m)	Atlas (m)	['atlas]

Europa (f)	Europa (n)	[ɔɪ'ʀoːpa]
Ásia (f)	Asien (n)	['aːziən]
África (f)	Afrika (n)	['aːfʀika]
Austrália (f)	Australien (n)	[aʊs'tʀaːliən]

América (f)	Amerika (n)	[a'meːʀika]
América (f) do Norte	Nordamerika (n)	['nɔʁtʔaˌmeːʀika]
América (f) do Sul	Südamerika (n)	['zyːtʔa'meːʀika]

| Antártida (f) | Antarktis (f) | [ant'?aʁktɪs] |
| Ártico (m) | Arktis (f) | ['aʁktɪs] |

76. Pontos cardeais

norte (m)	Norden (m)	['nɔʁdən]
para norte	nach Norden	[naːχ 'nɔʁdən]
no norte	im Norden	[ɪm 'nɔʁdən]
do norte	nördlich	['nœʁtlɪç]
sul (m)	Süden (m)	['zyːdən]
para sul	nach Süden	[naːχ 'zyːdən]
no sul	im Süden	[ɪm 'zyːdən]
do sul	südlich	['zyːtlɪç]
oeste, ocidente (m)	Westen (m)	['vɛstən]
para oeste	nach Westen	[naːχ 'vɛstən]
no oeste	im Westen	[ɪm 'vɛstən]
ocidental	westlich, West-	['vɛstlɪç], [vɛst]
leste, oriente (m)	Osten (m)	['ɔstən]
para leste	nach Osten	[naːχ 'ɔstən]
no leste	im Osten	[ɪm 'ɔstən]
oriental	östlich	['œstlɪç]

77. Mar. Oceano

mar (m)	Meer (n), See (f)	[meːɐ], [zeː]
oceano (m)	Ozean (m)	['oːtseaːn]
golfo (m)	Bucht (f)	[bʊχt]
estreito (m)	Meerenge (f)	['meːɐˌʔɛŋə]
terra (f) firme	Festland (n)	['fɛstˌlant]
continente (m)	Kontinent (m)	['kɔntinɛnt]
ilha (f)	Insel (f)	['ɪnzəl]
península (f)	Halbinsel (f)	['halpˌʔɪnzəl]
arquipélago (m)	Archipel (m)	[ˌaʁçi'peːl]
baía (f)	Bucht (f)	[bʊχt]
porto (m)	Hafen (m)	['haːfən]
lagoa (f)	Lagune (f)	[la'guːnə]
cabo (m)	Kap (n)	[kap]
atol (m)	Atoll (n)	[a'tɔl]
recife (m)	Riff (n)	[ʁɪf]
coral (m)	Koralle (f)	[ko'ʁalə]
recife (m) de coral	Korallenriff (n)	[ko'ʁalənˌʁɪf]
profundo	tief	[tiːf]

profundidade (f)	Tiefe (f)	['ti:fə]
abismo (m)	Abgrund (m)	['ap‚gʀʊnt]
fossa (f) oceânica	Graben (m)	['gʀa:bən]

| corrente (f) | Strom (m) | [ʃtʀo:m] |
| banhar (vt) | umspülen (vt) | ['ʊmˌʃpy:lən] |

| litoral (m) | Ufer (n) | ['u:fɐ] |
| costa (f) | Küste (f) | ['kʏstə] |

maré (f) alta	Flut (f)	[flu:t]
maré (f) baixa	Ebbe (f)	['ɛbə]
restinga (f)	Sandbank (f)	['zantˌbaŋk]
fundo (m)	Boden (m)	['bo:dən]

onda (f)	Welle (f)	['vɛlə]
crista (f) da onda	Wellenkamm (m)	['vɛlənˌkam]
espuma (f)	Schaum (m)	[ʃaʊm]

tempestade (f)	Sturm (m)	[ʃtʊʁm]
furacão (m)	Orkan (m)	[ɔʁ'ka:n]
tsunami (m)	Tsunami (m)	[tsu'na:mi]
calmaria (f)	Windstille (f)	['vɪntˌʃtɪlə]
calmo	ruhig	['ʀu:ɪç]

| polo (m) | Pol (m) | [po:l] |
| polar | Polar- | [po'la:ɐ] |

latitude (f)	Breite (f)	['bʀaɪtə]
longitude (f)	Länge (f)	['lɛŋə]
paralela (f)	Parallele (f)	[paʀa'le:lə]
equador (m)	Äquator (m)	[ɛ'kva:to:ɐ]

céu (m)	Himmel (m)	['hɪməl]
horizonte (m)	Horizont (m)	[hoʀi'tsɔnt]
ar (m)	Luft (f)	[lʊft]

farol (m)	Leuchtturm (m)	['lɔɪçtˌtʊʁm]
mergulhar (vi)	tauchen (vi)	['taʊχən]
afundar-se (vp)	versinken (vi)	[fɛɐ'zɪŋkən]
tesouros (m pl)	Schätze (pl)	['ʃɛtsə]

78. Nomes de Mares e Oceanos

Oceano (m) Atlântico	Atlantischer Ozean (m)	[atˌlantɪʃɐ 'o:tsea:n]
Oceano (m) Índico	Indischer Ozean (m)	['ɪndɪʃɐ 'o:tsea:n]
Oceano (m) Pacífico	Pazifischer Ozean (m)	[pa'tsi:fɪʃɐ 'o:tsea:n]
Oceano (m) Ártico	Arktischer Ozean (m)	['aʁktɪʃɐ 'o:tsea:n]
Mar (m) Negro	Schwarzes Meer (n)	['ʃvaʁtsəs 'me:ɐ]
Mar (m) Vermelho	Rotes Meer (n)	['ʀo:təs 'me:ɐ]

| Mar (m) Amarelo | Gelbes Meer (n) | ['gɛlbəs 'me:ɐ] |
| Mar (m) Branco | Weißes Meer (n) | [vaɪsəs 'me:ɐ] |

Mar (m) Cáspio	Kaspisches Meer (n)	['kaspɪʃəs me:ɐ]
Mar (m) Morto	Totes Meer (n)	['to:təs me:ɐ]
Mar (m) Mediterrâneo	Mittelmeer (n)	['mɪtəl‚me:ɐ]

| Mar (m) Egeu | Ägäisches Meer (n) | [ɛ'gɛ:ɪʃəs 'me:ɐ] |
| Mar (m) Adriático | Adriatisches Meer (n) | [adʀi'a:tɪʃəs 'me:ɐ] |

Mar (m) Arábico	Arabisches Meer (n)	[a'ʀa:bɪʃəs 'me:ɐ]
Mar (m) do Japão	Japanisches Meer (n)	[ja'pa:nɪʃəs me:ɐ]
Mar (m) de Bering	Beringmeer (n)	['be:ʀɪŋ‚me:ɐ]
Mar (m) da China Meridional	Südchinesisches Meer (n)	['zy:t·çi'ne:zɪʃəs me:ɐ]

Mar (m) de Coral	Korallenmeer (n)	[ko'ʀalən‚me:ɐ]
Mar (m) de Tasman	Tasmansee (f)	[tas'ma:n·ze:]
Mar (m) do Caribe	Karibisches Meer (n)	[ka'ʀi:bɪʃəs 'me:ɐ]

| Mar (m) de Barents | Barentssee (f) | ['ba:ʀənts·ze:] |
| Mar (m) de Kara | Karasee (f) | ['kaʀa‚ze:] |

Mar (m) do Norte	Nordsee (f)	['noʁt‚ze:]
Mar (m) Báltico	Ostsee (f)	['ɔstze:]
Mar (m) da Noruega	Nordmeer (n)	['noʁt‚me:ɐ]

79. Montanhas

montanha (f)	Berg (m)	[bɛʁk]
cordilheira (f)	Gebirgskette (f)	[gə'bɪʁks‚kɛtə]
serra (f)	Bergrücken (m)	['bɛʁk‚ʀʏkən]

cume (m)	Gipfel (m)	['gɪpfəl]
pico (m)	Spitze (f)	['ʃpɪtsə]
sopé (m)	Bergfuß (m)	['bɛʁk‚fu:s]
declive (m)	Abhang (m)	['ap‚haŋ]

vulcão (m)	Vulkan (m)	[vʊl'ka:n]
vulcão (m) ativo	tätiger Vulkan (m)	['tɛ:tɪgɐ vʊl'ka:n]
vulcão (m) extinto	schlafender Vulkan (m)	['ʃla:fəndɐ vʊl'ka:n]

erupção (f)	Ausbruch (m)	['aʊs‚bʀʊχ]
cratera (f)	Krater (m)	['kʀa:tɐ]
magma (m)	Magma (n)	['magma]
lava (f)	Lava (f)	['la:va]
fundido (lava ~a)	glühend heiß	['gly:ənt 'haɪs]

| desfiladeiro (m) | Cañon (m) | [ka'njɔn] |
| garganta (f) | Schlucht (f) | [ʃlʊχt] |

| fenda (f) | Spalte (f) | ['ʃpaltə] |
| precipício (m) | Abgrund (m) | ['ap‚gʀʊnt] |

passo, colo (m)	Gebirgspass (m)	[gə'bɪʁks‚pas]
planalto (m)	Plateau (n)	[pla'to:]
falésia (f)	Fels (m)	[fɛls]
colina (f)	Hügel (m)	['hy:gəl]

glaciar (m)	Gletscher (m)	['glɛtʃɐ]
queda (f) d'água	Wasserfall (m)	['vasɐ‚fal]
géiser (m)	Geiser (m)	['gaɪzɐ]
lago (m)	See (m)	[ze:]

planície (f)	Ebene (f)	['e:bənə]
paisagem (f)	Landschaft (f)	['lantʃaft]
eco (m)	Echo (n)	['ɛço]

alpinista (m)	Bergsteiger (m)	['bɛʁkʃtaɪgɐ]
escalador (m)	Kletterer (m)	['klɛtəʀɐ]
conquistar (vt)	bezwingen (vt)	[bə'tsvɪŋən]
subida, escalada (f)	Aufstieg (m)	['aʊfʃti:k]

80. Nomes de montanhas

Alpes (m pl)	Alpen (pl)	['alpən]
monte Branco (m)	Montblanc (m)	[moŋ'blaŋ]
Pirineus (m pl)	Pyrenäen (pl)	[pyʀe'nɛ:ən]

Cárpatos (m pl)	Karpaten (pl)	[kaʁ'pa:tən]
montes (m pl) Urais	Ural (m), Uralgebirge (n)	[u'ʀa:l], [u'ʀa:l·gə'bɪʁgə]
Cáucaso (m)	Kaukasus (m)	['kaʊkazʊs]
Elbrus (m)	Elbrus (m)	[ɛl'bʀʊs]

Altai (m)	Altai (m)	[al'taɪ]
Tian Shan (m)	Tian Shan (m)	['tja:n 'ʃa:n]
Pamir (m)	Pamir (m)	[pa'mi:ɐ]
Himalaias (m pl)	Himalaja (m)	[hima'la:ja]
monte (m) Everest	Everest (m)	['ɛvəʀɛst]

| Cordilheira (f) dos Andes | Anden (pl) | ['andən] |
| Kilimanjaro (m) | Kilimandscharo (m) | [kiliman'dʒa:ʀo] |

81. Rios

rio (m)	Fluss (m)	[flʊs]
fonte, nascente (f)	Quelle (f)	['kvɛlə]
leito (m) do rio	Flussbett (n)	['flʊs‚bɛt]
bacia (f)	Stromgebiet (n)	['ʃtʀo:m·gə'bi:t]

desaguar no ...	einmünden in ...	['aɪnˌmʏndən ɪn]
afluente (m)	Nebenfluss (m)	['neːbənˌflʊs]
margem (do rio)	Ufer (n)	['uːfɐ]
corrente (f)	Strom (m)	[ʃtʀoːm]
rio abaixo	stromabwärts	['ʃtʀoːmˌapvɛʁts]
rio acima	stromaufwärts	['ʃtʀoːmˌaʊfvɛʁts]
inundação (f)	Überschwemmung (f)	[yːbɐ'ʃvɛmʊŋ]
cheia (f)	Hochwasser (n)	['hoːχˌvasɐ]
transbordar (vi)	aus den Ufern treten	['aʊs den 'uːfɐn 'tʀeːtən]
inundar (vt)	überfluten (vt)	[ˌyːbɐ'fluːtən]
baixio (m)	Sandbank (f)	['zantˌbaŋk]
rápidos (m pl)	Stromschnelle (f)	['ʃtʀoːmˌʃnɛlə]
barragem (f)	Damm (m)	[dam]
canal (m)	Kanal (m)	[ka'naːl]
reservatório (m) de água	Stausee (m)	['ʃtaʊzeː]
esclusa (f)	Schleuse (f)	['ʃlɔɪzə]
corpo (m) de água	Gewässer (n)	[gə'vɛsɐ]
pântano (m)	Sumpf (m), Moor (n)	[zʊmpf], [moːɐ]
tremedal (m)	Marsch (f)	[maʁʃ]
remoinho (m)	Strudel (m)	['ʃtʀuːdəl]
arroio, regato (m)	Bach (m)	[baχ]
potável	Trink-	['tʀɪŋk]
doce (água)	Süß-	[zyːs]
gelo (m)	Eis (n)	[aɪs]
congelar-se (vp)	zufrieren (vi)	['tsuːˌfʀiːʀən]

82. Nomes de rios

rio Sena (m)	Seine (f)	['zɛːnə]
rio Loire (m)	Loire (f)	[lu'aːʀ]
rio Tamisa (m)	Themse (f)	['tɛmzə]
rio Reno (m)	Rhein (m)	[ʀaɪn]
rio Danúbio (m)	Donau (f)	['doːnaʊ]
rio Volga (m)	Wolga (f)	['voːlga]
rio Don (m)	Don (m)	[dɔn]
rio Lena (m)	Lena (f)	['leːna]
rio Amarelo (m)	Gelber Fluss (m)	['gɛlbɐ 'flʊs]
rio Yangtzé (m)	Jangtse (m)	['jangtsɛ]
rio Mekong (m)	Mekong (m)	['meːkɔŋ]
rio Ganges (m)	Ganges (m)	['gaŋgɛs], ['gaŋəs]

rio Nilo (m)	Nil (m)	[ni:l]
rio Congo (m)	Kongo (m)	['kɔŋgo]
rio Cubango (m)	Okavango (m)	[ɔka'vaŋgo]
rio Zambeze (m)	Sambesi (m)	[zam'be:zi]
rio Limpopo (m)	Limpopo (m)	[limpɔ'po]
rio Mississipi (m)	Mississippi (m)	[mɪsɪ'sɪpi]

83. Floresta

floresta (f), bosque (m)	Wald (m)	[valt]
florestal	Wald-	['valt]
mata (f) cerrada	Dickicht (n)	['dɪkɪçt]
arvoredo (m)	Gehölz (n)	[gə'hœlts]
clareira (f)	Lichtung (f)	['lɪçtʊŋ]
matagal (f)	Dickicht (n)	['dɪkɪçt]
mato (m)	Gebüsch (n)	[gə'byʃ]
vereda (f)	Fußweg (m)	['fu:sˌve:k]
ravina (f)	Schlucht (f)	[ʃlʊχt]
árvore (f)	Baum (m)	[baʊm]
folha (f)	Blatt (n)	[blat]
folhagem (f)	Laub (n)	[laʊp]
queda (f) das folha	Laubfall (m)	['laʊpˌfal]
cair (vi)	fallen (vi)	['falən]
topo (m)	Wipfel (m)	['vɪpfəl]
ramo (m)	Zweig (m)	[tsvaɪk]
galho (m)	Ast (m)	[ast]
botão, rebento (m)	Knospe (f)	['knɔspə]
agulha (f)	Nadel (f)	['na:dəl]
pinha (f)	Zapfen (m)	['tsapfən]
buraco (m) de árvore	Höhlung (f)	['hø:ˌlʊŋ]
ninho (m)	Nest (n)	[nɛst]
toca (f)	Höhle (f)	['hø:lə]
tronco (m)	Stamm (m)	[ʃtam]
raiz (f)	Wurzel (f)	['vʊʁtsəl]
casca (f) de árvore	Rinde (f)	['ʁɪndə]
musgo (m)	Moos (n)	['mo:s]
arrancar pela raiz	roden (vt)	['ʁo:dən]
cortar (vt)	fällen (vt)	['fɛlən]
desflorestar (vt)	abholzen (vt)	['apˌhɔltsən]
toco, cepo (m)	Baumstumpf (m)	['baʊmˌʃtʊmpf]
fogueira (f)	Lagerfeuer (n)	['la:gəˌfɔɪɐ]

| incêndio (m) florestal | Waldbrand (m) | ['valt‚bʀant] |
| apagar (vt) | löschen (vt) | ['lœʃən] |

guarda-florestal (m)	Förster (m)	['fœʀstɐ]
proteção (f)	Schutz (m)	[ʃʊts]
proteger (a natureza)	beschützen (vt)	[bə'ʃʏtsən]
caçador (m) furtivo	Wilddieb (m)	['vɪlt‚di:p]
armadilha (f)	Falle (f)	['falə]

colher (cogumelos)	sammeln (vt)	['zaməln]
colher (bagas)	pflücken (vt)	['pflʏkən]
perder-se (vp)	sich verirren	[zɪç fɛɐ'ʔɪʀən]

84. Recursos naturais

recursos (m pl) naturais	Naturressourcen (pl)	[na'tu:ɐ·ʀɛ'suʀsən]
minerais (m pl)	Bodenschätze (pl)	['bo:dənʃɛtsə]
depósitos (m pl)	Vorkommen (n)	['fo:ɐ‚kɔmən]
jazida (f)	Feld (n)	[fɛlt]

extrair (vt)	gewinnen (vt)	[gə'vɪnən]
extração (f)	Gewinnung (f)	[gə'vɪnʊŋ]
minério (m)	Erz (n)	[e:ɐts]
mina (f)	Bergwerk (n)	['bɛʀk‚vɛʀk]
poço (m) de mina	Schacht (m)	[ʃaχt]
mineiro (m)	Bergarbeiter (m)	['bɛʀk‚ʔaʀ‚baɪtɐ]

| gás (m) | Erdgas (n) | ['e:ɐt·ga:s] |
| gasoduto (m) | Gasleitung (f) | ['ga:s‚laɪtʊŋ] |

petróleo (m)	Erdöl (n)	['e:ɐt‚ʔø:l]
oleoduto (m)	Erdölleitung (f)	['e:ɐt?ø:l‚laɪtʊŋ]
poço (m) de petróleo	Ölquelle (f)	['ø:l‚kvɛlə]
torre (f) petrolífera	Bohrturm (m)	['bo:ɐ‚tʊʀm]
petroleiro (m)	Tanker (m)	['taŋkɐ]

areia (f)	Sand (m)	[zant]
calcário (m)	Kalkstein (m)	['kalkʃtaɪn]
cascalho (m)	Kies (m)	[ki:s]
turfa (f)	Torf (m)	[tɔʀf]
argila (f)	Ton (m)	[to:n]
carvão (m)	Kohle (f)	['ko:lə]

ferro (m)	Eisen (n)	['aɪzən]
ouro (m)	Gold (n)	[gɔlt]
prata (f)	Silber (n)	['zɪlbɐ]
níquel (m)	Nickel (n)	['nɪkəl]
cobre (m)	Kupfer (n)	['kʊpfɐ]
zinco (m)	Zink (n)	[tsɪŋk]
manganês (m)	Mangan (n)	[maŋ'ga:n]

| mercúrio (m) | Quecksilber (n) | ['kvɛk͵zɪlbɐ] |
| chumbo (m) | Blei (n) | [blaɪ] |

mineral (m)	Mineral (n)	[mɪne'ʁaːl]
cristal (m)	Kristall (m)	[kʁɪs'tal]
mármore (m)	Marmor (m)	['maʁmoːɐ]
urânio (m)	Uran (n)	[u'ʁaːn]

85. Tempo

tempo (m)	Wetter (n)	['vɛtɐ]
previsão (f) do tempo	Wetterbericht (m)	['vɛtebə͵ʁɪçt]
temperatura (f)	Temperatur (f)	[tɛmpəʁa'tuːɐ]
termómetro (m)	Thermometer (n)	[tɛʁmo'meːtɐ]
barómetro (m)	Barometer (n)	[baʁo'meːtɐ]

húmido	feucht	[fɔɪçt]
humidade (f)	Feuchtigkeit (f)	['fɔɪçtɪçkaɪt]
calor (m)	Hitze (f)	['hɪtsə]
cálido	glutheiß	['gluːt͵haɪs]
está muito calor	ist heiß	[ist haɪs]

| está calor | ist warm | [ist vaʁm] |
| quente | warm | [vaʁm] |

| está frio | ist kalt | [ist kalt] |
| frio | kalt | [kalt] |

sol (m)	Sonne (f)	['zɔnə]
brilhar (vi)	scheinen (vi)	['ʃaɪnən]
de sol, ensolarado	sonnig	['zɔnɪç]
nascer (vi)	aufgehen (vi)	['aʊf͵geːən]
pôr-se (vp)	untergehen (vi)	['ʊntɐ͵geːən]

nuvem (f)	Wolke (f)	['vɔlkə]
nublado	bewölkt	[bə'vœlkt]
nuvem (f) negra	Regenwolke (f)	['ʁeːgən͵vɔlkə]
escuro, cinzento	trüb	[tʁyːp]

chuva (f)	Regen (m)	['ʁeːgən]
está a chover	Es regnet	[ɛs 'ʁeːgnət]
chuvoso	regnerisch	['ʁeːgnəʁɪʃ]
chuviscar (vi)	nieseln (vi)	['niːzəln]

chuva (f) torrencial	strömender Regen (m)	['ʃtʁøːməntdə 'ʁeːgən]
chuvada (f)	Regenschauer (m)	['ʁeːgən͵ʃaʊɐ]
forte (chuva)	stark	[ʃtaʁk]
poça (f)	Pfütze (f)	['pfʏtsə]
molhar-se (vp)	nass werden (vi)	[nas 've:ɐdən]
nevoeiro (m)	Nebel (m)	['neːbəl]

de nevoeiro	neblig	['ne:blɪç]
neve (f)	Schnee (m)	[ʃne:]
está a nevar	Es schneit	[ɛs 'ʃnaɪt]

86. Tempo extremo. Catástrofes naturais

trovoada (f)	Gewitter (n)	[gə'vɪtɐ]
relâmpago (m)	Blitz (m)	[blɪts]
relampejar (vi)	blitzen (vi)	['blɪtsən]

trovão (m)	Donner (m)	['dɔnɐ]
trovejar (vi)	donnern (vi)	['dɔnɐn]
está a trovejar	Es donnert	[ɛs 'dɔnɐt]

| granizo (m) | Hagel (m) | ['ha:gəl] |
| está a cair granizo | Es hagelt | [ɛs 'ha:gəlt] |

| inundar (vt) | überfluten (vt) | [ˌy:bɐ'flu:tən] |
| inundação (f) | Überschwemmung (f) | [y:bɐ'ʃvɛmʊŋ] |

terremoto (m)	Erdbeben (n)	['e:ɐtˌbe:bən]
abalo, tremor (m)	Erschütterung (f)	[ɛɐ'ʃʏtəʀʊŋ]
epicentro (m)	Epizentrum (n)	[ˌepi'tsɛntʀʊm]

| erupção (f) | Ausbruch (m) | ['aʊsˌbʀʊχ] |
| lava (f) | Lava (f) | ['la:va] |

turbilhão (m)	Wirbelsturm (m)	['vɪʀbəlˌʃtʊʀm]
tornado (m)	Tornado (m)	[tɔʀ'na:do]
tufão (m)	Taifun (m)	[taɪ'fu:n]

furacão (m)	Orkan (m)	[ɔʀ'ka:n]
tempestade (f)	Sturm (m)	[ʃtʊʀm]
tsunami (m)	Tsunami (m)	[tsu'na:mi]

ciclone (m)	Zyklon (m)	[tsy'klo:n]
mau tempo (m)	Unwetter (n)	['ʊnˌvɛtɐ]
incêndio (m)	Brand (m)	[bʀant]
catástrofe (f)	Katastrophe (f)	[ˌkatas'tʀo:fə]
meteorito (m)	Meteorit (m)	[meteo'ʀi:t]

avalanche (f)	Lawine (f)	[la'vi:nə]
deslizamento (f) de neve	Schneelawine (f)	['ʃne:laˌvi:nə]
nevasca (f)	Schneegestöber (n)	['ʃne:gəˌʃtø:bɐ]
tempestade (f) de neve	Schneesturm (m)	['ʃne:ˌʃtʊʀm]

BOOKS

FAUNA

T&P Books Publishing

87. Mamíferos. Predadores

predador (m)	**Raubtier** (n)	[ˈʀaʊptiːɐ]
tigre (m)	**Tiger** (m)	[ˈtiːgɐ]
leão (m)	**Löwe** (m)	[ˈløːvə]
lobo (m)	**Wolf** (m)	[vɔlf]
raposa (f)	**Fuchs** (m)	[fʊks]
jaguar (m)	**Jaguar** (m)	[ˈjaːguaːɐ]
leopardo (m)	**Leopard** (m)	[leoˈpaʀt]
chita (f)	**Gepard** (m)	[geˈpaʀt]
pantera (f)	**Panther** (m)	[ˈpantɐ]
puma (m)	**Puma** (m)	[ˈpuːma]
leopardo-das-neves (m)	**Schneeleopard** (m)	[ˈʃneːleoˌpaʀt]
lince (m)	**Luchs** (m)	[lʊks]
coiote (m)	**Kojote** (m)	[kɔˈjoːtə]
chacal (m)	**Schakal** (m)	[ʃaˈkaːl]
hiena (f)	**Hyäne** (f)	[ˈhyɛːnə]

88. Animais selvagens

animal (m)	**Tier** (n)	[tiːɐ]
besta (f)	**Bestie** (f)	[ˈbɛstɪə]
esquilo (m)	**Eichhörnchen** (n)	[ˈaɪçˌhœʀnçən]
ouriço (m)	**Igel** (m)	[ˈiːgəl]
lebre (f)	**Hase** (m)	[ˈhaːzə]
coelho (m)	**Kaninchen** (n)	[kaˈniːnçən]
texugo (m)	**Dachs** (m)	[daks]
guaxinim (m)	**Waschbär** (m)	[ˈvaʃˌbɛːɐ]
hamster (m)	**Hamster** (m)	[ˈhamstɐ]
marmota (f)	**Murmeltier** (n)	[ˈmʊʀməlˌtiːɐ]
toupeira (f)	**Maulwurf** (m)	[ˈmaʊlˌvʊʀf]
rato (m)	**Maus** (f)	[maʊs]
ratazana (f)	**Ratte** (f)	[ˈʀatə]
morcego (m)	**Fledermaus** (f)	[ˈfleːdɐˌmaʊs]
arminho (m)	**Hermelin** (n)	[hɛʀməˈliːn]
zibelina (f)	**Zobel** (m)	[ˈtsoːbəl]
marta (f)	**Marder** (m)	[ˈmaʀdɐ]

doninha (f)	**Wiesel** (n)	['vi:zəl]
vison (m)	**Nerz** (m)	[nɛʁts]
castor (m)	**Biber** (m)	['bi:bɐ]
lontra (f)	**Fischotter** (m)	['fɪʃˌʔɔtɐ]
cavalo (m)	**Pferd** (n)	[pfe:ɐt]
alce (m) americano	**Elch** (m)	[ɛlç]
veado (m)	**Hirsch** (m)	[hɪʁʃ]
camelo (m)	**Kamel** (n)	[ka'me:l]
bisão (m)	**Bison** (m)	['bi:zɔn]
auroque (m)	**Wisent** (m)	['vi:zɛnt]
búfalo (m)	**Büffel** (m)	['bʏfəl]
zebra (f)	**Zebra** (n)	['tse:bʀa]
antílope (m)	**Antilope** (f)	[anti'lo:pə]
corça (f)	**Reh** (n)	[ʀe:]
gamo (m)	**Damhirsch** (m)	['damhɪʁʃ]
camurça (f)	**Gämse** (f)	['gɛmzə]
javali (m)	**Wildschwein** (n)	['vɪltʃvaɪn]
baleia (f)	**Wal** (m)	[va:l]
foca (f)	**Seehund** (m)	['ze:ˌhʊnt]
morsa (f)	**Walroß** (n)	['va:lˌʀɔs]
urso-marinho (m)	**Seebär** (m)	['ze:ˌbɛ:ɐ]
golfinho (m)	**Delfin** (m)	[dɛl'fi:n]
urso (m)	**Bär** (m)	[bɛ:ɐ]
urso (m) branco	**Eisbär** (m)	['aɪsˌbɛ:ɐ]
panda (m)	**Panda** (m)	['panda]
macaco (em geral)	**Affe** (m)	['afə]
chimpanzé (m)	**Schimpanse** (m)	[ʃɪm'panzə]
orangotango (m)	**Orang-Utan** (m)	['o:ʀaŋˌʔu:tan]
gorila (m)	**Gorilla** (m)	go'ʀɪla]
macaco (m)	**Makak** (m)	[ma'kak]
gibão (m)	**Gibbon** (m)	['gɪbɔn]
elefante (m)	**Elefant** (m)	[ele'fant]
rinoceronte (m)	**Nashorn** (n)	['na:sˌhɔʁn]
girafa (f)	**Giraffe** (f)	[ˌgi'ʀafə]
hipopótamo (m)	**Flusspferd** (n)	['flʊsˌpfe:ɐt]
canguru (m)	**Känguru** (n)	['kɛŋguʀu]
coala (m)	**Koala** (m)	[ko'a:la]
mangusto (m)	**Manguste** (f)	[maŋ'gʊstə]
chinchila (f)	**Chinchilla** (n)	[tʃɪn'tʃɪla]
doninha-fedorenta (f)	**Skunk** (m)	[skʊŋk]
porco-espinho (m)	**Stachelschwein** (n)	['ʃtaxəlʃvaɪn]

89. Animais domésticos

gata (f)	**Katze** (f)	['katsə]
gato (m) macho	**Kater** (m)	['ka:tɐ]
cão (m)	**Hund** (m)	[hʊnt]
cavalo (m)	**Pferd** (n)	[pfe:ɐt]
garanhão (m)	**Hengst** (m)	['hɛŋst]
égua (f)	**Stute** (f)	['ʃtu:tə]
vaca (f)	**Kuh** (f)	[ku:]
touro (m)	**Stier** (m)	[ʃti:ɐ]
boi (m)	**Ochse** (m)	['ɔksə]
ovelha (f)	**Schaf** (n)	[ʃa:f]
carneiro (m)	**Hammel** (m)	['haməl]
cabra (f)	**Ziege** (f)	['tsi:gə]
bode (m)	**Ziegenbock** (m)	['tsi:gənˌbɔk]
burro (m)	**Esel** (m)	['e:zəl]
mula (f)	**Maultier** (n)	['maʊlˌti:ɐ]
porco (m)	**Schwein** (n)	[ʃvaɪn]
porquinho (m)	**Ferkel** (n)	['fɛʁkəl]
coelho (m)	**Kaninchen** (n)	[ka'ni:nçən]
galinha (f)	**Huhn** (n)	[hu:n]
galo (m)	**Hahn** (m)	[ha:n]
pato (m), pata (f)	**Ente** (f)	['ɛntə]
pato (macho)	**Enterich** (m)	['ɛntəʁɪç]
ganso (m)	**Gans** (f)	[gans]
peru (m)	**Puter** (m)	['pu:tɐ]
perua (f)	**Pute** (f)	['pu:tə]
animais (m pl) domésticos	**Haustiere** (pl)	['haʊsˌti:ʁə]
domesticado	**zahm**	[tsa:m]
domesticar (vt)	**zähmen** (vt)	['tsɛ:mən]
criar (vt)	**züchten** (vt)	['tsʏçtən]
quinta (f)	**Farm** (f)	[faʁm]
aves (f pl) domésticas	**Geflügel** (n)	[gə'fly:gəlˌ]
gado (m)	**Vieh** (n)	[fi:]
rebanho (m), manada (f)	**Herde** (f)	['he:ɐdə]
estábulo (m)	**Pferdestall** (m)	['pfe:ɐdəˌʃtal]
pocilga (f)	**Schweinestall** (m)	['ʃvaɪnəʃtal]
vacaria (m)	**Kuhstall** (m)	['ku:ʃtal]
coelheira (f)	**Kaninchenstall** (m)	[ka'ni:nçənˌʃtal]
galinheiro (m)	**Hühnerstall** (m)	['hy:nɐˌʃtal]

90. Pássaros

pássaro, ave (m)	Vogel (m)	['fo:gəl]
pombo (m)	Taube (f)	['taubə]
pardal (m)	Spatz (m)	[ʃpats]
chapim-real (m)	Meise (f)	['maɪzə]
pega-rabuda (f)	Elster (f)	['ɛlstə]
corvo (m)	Rabe (m)	['ʀa:bə]
gralha (f) cinzenta	Krähe (f)	['kʀɛ:ə]
gralha-de-nuca-cinzenta (f)	Dohle (f)	['do:lə]
gralha-calva (f)	Saatkrähe (f)	['za:t͡ˌkʀɛ:ə]
pato (m)	Ente (f)	['ɛntə]
ganso (m)	Gans (f)	[gans]
faisão (m)	Fasan (m)	[fa'za:n]
águia (f)	Adler (m)	['a:dlɐ]
açor (m)	Habicht (m)	['ha:bɪçt]
falcão (m)	Falke (m)	['falkə]
abutre (m)	Greif (m)	[gʀaɪf]
condor (m)	Kondor (m)	['kɔndo:ɐ]
cisne (m)	Schwan (m)	[ʃva:n]
grou (m)	Kranich (m)	['kʀa:nɪç]
cegonha (f)	Storch (m)	[ʃtɔʁç]
papagaio (m)	Papagei (m)	[papa'gaɪ]
beija-flor (m)	Kolibri (m)	['ko:libʀi]
pavão (m)	Pfau (m)	[pfaʊ]
avestruz (f)	Strauß (m)	[ʃtʀaʊs]
garça (f)	Reiher (m)	['ʀaɪɐ]
flamingo (m)	Flamingo (m)	[fla'mɪŋgo]
pelicano (m)	Pelikan (m)	['pe:lika:n]
rouxinol (m)	Nachtigall (f)	['naχtɪgal]
andorinha (f)	Schwalbe (f)	['ʃvalbə]
tordo-zornal (m)	Drossel (f)	['dʀɔsəl]
tordo-músico (m)	Singdrossel (f)	['zɪŋˌdʀɔsəl]
melro-preto (m)	Amsel (f)	['amzəl]
andorinhão (m)	Segler (m)	['ze:glɐ]
cotovia (f)	Lerche (f)	['lɛʁçə]
codorna (f)	Wachtel (f)	['vaχtəl]
pica-pau (m)	Specht (m)	[ʃpɛçt]
cuco (m)	Kuckuck (m)	['kʊkʊk]
coruja (f)	Eule (f)	['ɔɪlə]
corujão, bufo (m)	Uhu (m)	['u:hu]

tetraz-grande (m)	**Auerhahn** (m)	['auɐˌha:n]
tetraz-lira (m)	**Birkhahn** (m)	['bɪʁkˌha:n]
perdiz-cinzenta (f)	**Rebhuhn** (n)	['ʀe:pˌhu:n]
estorninho (m)	**Star** (m)	[ʃta:ɐ]
canário (m)	**Kanarienvogel** (m)	[ka'na:ʀiɘnˌfo:gɘl]
galinha-do-mato (f)	**Haselhuhn** (n)	['ha:zɘlˌhu:n]
tentilhão (m)	**Buchfink** (m)	['bu:χfɪŋk]
dom-fafe (m)	**Gimpel** (m)	['gɪmpɘl]
gaivota (f)	**Möwe** (f)	['mø:vɘ]
albatroz (m)	**Albatros** (m)	['albatʀɔs]
pinguim (m)	**Pinguin** (m)	['pɪŋgui:n]

91. Peixes. Animais marinhos

brema (f)	**Brachse** (f)	['bʀaksɘ]
carpa (f)	**Karpfen** (m)	['kaʁpfɘn]
perca (f)	**Barsch** (m)	[baʁʃ]
siluro (m)	**Wels** (m)	[vɛls]
lúcio (m)	**Hecht** (m)	[hɛçt]
salmão (m)	**Lachs** (m)	[laks]
esturjão (m)	**Stör** (m)	[ʃtø:ɐ]
arenque (m)	**Hering** (m)	['he:ʀɪŋ]
salmão (m)	**atlantische Lachs** (m)	[at'lantɪʃɘ laks]
cavala (m), sarda (f)	**Makrele** (f)	[ma'kʀe:lɘ]
solha (f)	**Scholle** (f)	['ʃɔlɘ]
zander (m)	**Zander** (m)	['tsandɘ]
bacalhau (m)	**Dorsch** (m)	[dɔʁʃ]
atum (m)	**Tunfisch** (m)	['tu:nfɪʃ]
truta (f)	**Forelle** (f)	[ˌfo'ʀɛlɘ]
enguia (f)	**Aal** (m)	[a:l]
raia elétrica (f)	**Zitterrochen** (m)	['tsɪtɐˌʀɔχɘn]
moreia (f)	**Muräne** (f)	[mu'ʀɛ:nɘ]
piranha (f)	**Piranha** (m)	[pi'ranja]
tubarão (m)	**Hai** (m)	[hai]
golfinho (m)	**Delfin** (m)	[dɛl'fi:n]
baleia (f)	**Wal** (m)	[va:l]
caranguejo (m)	**Krabbe** (f)	['kʀabɘ]
medusa, alforreca (f)	**Meduse** (f)	[me'du:zɘ]
polvo (m)	**Krake** (m)	['kʀa:kɘ]
estrela-do-mar (f)	**Seestern** (m)	['ze:ʃtɛʁn]
ouriço-do-mar (m)	**Seeigel** (m)	['ze:ˌʔi:gɘl]

cavalo-marinho (m)	Seepferdchen (n)	['ze:ˌpfe:ɐtçən]
ostra (f)	Auster (f)	['aʊstə]
camarão (m)	Garnele (f)	[gaʁ'ne:lə]
lavagante (m)	Hummer (m)	['hʊmɐ]
lagosta (f)	Languste (f)	[laŋ'gʊstə]

92. Amfíbios. Répteis

| serpente, cobra (f) | Schlange (f) | ['ʃlaŋə] |
| venenoso | Gift-, giftig | [gɪft], ['gɪftɪç] |

víbora (f)	Viper (f)	['vi:pɐ]
cobra-capelo, naja (f)	Kobra (f)	['ko:bʀa]
piton (m)	Python (m)	['py:tɔn]
jiboia (f)	Boa (f)	['bo:a]

cobra-de-água (f)	Ringelnatter (f)	['ʀɪŋəlˌnatɐ]
cascavel (f)	Klapperschlange (f)	['klapɐˌʃlaŋə]
anaconda (f)	Anakonda (f)	[ana'kɔnda]

lagarto (m)	Eidechse (f)	['aɪdɛksə]
iguana (f)	Leguan (m)	['le:gua:n]
varano (m)	Waran (m)	[va'ʀa:n]
salamandra (f)	Salamander (m)	[zala'mandɐ]
camaleão (m)	Chamäleon (n)	[ka'mɛ:leˌɔn]
escorpião (m)	Skorpion (m)	[skɔʁ'pjo:n]

tartaruga (f)	Schildkröte (f)	['ʃɪltˌkʀø:tə]
rã (f)	Frosch (m)	[fʀɔʃ]
sapo (m)	Kröte (f)	['kʀø:tə]
crocodilo (m)	Krokodil (n)	[kʀoko'di:l]

93. Insetos

inseto (m)	Insekt (n)	[ɪn'zɛkt]
borboleta (f)	Schmetterling (m)	['ʃmɛtəlɪŋ]
formiga (f)	Ameise (f)	['a:maɪzə]
mosca (f)	Fliege (f)	['fli:gə]
mosquito (m)	Mücke (f)	['mʏkə]
escaravelho (m)	Käfer (m)	['kɛ:fɐ]

vespa (f)	Wespe (f)	['vɛspə]
abelha (f)	Biene (f)	['bi:nə]
zangão (m)	Hummel (f)	['hʊməl]
moscardo (m)	Bremse (f)	['bʀɛmzə]

| aranha (f) | Spinne (f) | ['ʃpɪnə] |
| teia (f) de aranha | Spinnennetz (n) | ['ʃpɪnənˌnɛts] |

libélula (f)	**Libelle** (f)	[li'bɛlə]
gafanhoto-do-campo (m)	**Grashüpfer** (m)	['gʀaːsˌhʏpfə]
traça (f)	**Schmetterling** (m)	['ʃmɛtəlɪŋ]

barata (f)	**Schabe** (f)	['ʃaːbə]
carraça (f)	**Zecke** (f)	['tsɛkə]
pulga (f)	**Floh** (m)	[floː]
borrachudo (m)	**Kriebelmücke** (f)	['kʀiːbəlˌmʏkə]

gafanhoto (m)	**Heuschrecke** (f)	['hɔɪʃʀɛkə]
caracol (m)	**Schnecke** (f)	['ʃnɛkə]
grilo (m)	**Heimchen** (n)	['haɪmçən]
pirilampo (m)	**Leuchtkäfer** (m)	['lɔɪçtˌkɛːfə]
joaninha (f)	**Marienkäfer** (m)	[ma'ʀiːənˌkɛːfə]
besouro (m)	**Maikäfer** (m)	['maɪˌkɛːfə]

sanguessuga (f)	**Blutegel** (m)	['bluːtˌʔeːgəl]
lagarta (f)	**Raupe** (f)	['ʀaʊpə]
minhoca (f)	**Wurm** (m)	[vʊʀm]
larva (f)	**Larve** (f)	['laʀfə]

FLORA

T&P Books Publishing

árvore (f)	**Baum** (m)	[baʊm]
decídua	**Laub-**	[laʊp]
conífera	**Nadel-**	['na:dəl]
perene	**immergrün**	['ɪmɐˌɡʀy:n]
macieira (f)	**Apfelbaum** (m)	['apfəlˌbaum]
pereira (f)	**Birnbaum** (m)	['bɪʁnˌbaʊm]
cerejeira (f)	**Süßkirschbaum** (m)	['zy:skɪʁʃˌbaʊm]
ginjeira (f)	**Sauerkirschbaum** (m)	[zaʊə'kɪʁʃˌbaʊm]
ameixeira (f)	**Pflaumenbaum** (m)	['pflaʊmənˌbaʊm]
bétula (f)	**Birke** (f)	['bɪʁkə]
carvalho (m)	**Eiche** (f)	['aɪçə]
tília (f)	**Linde** (f)	['lɪndə]
choupo-tremedor (m)	**Espe** (f)	['ɛspə]
bordo (m)	**Ahorn** (m)	['a:hɔʁn]
espruce-europeu (m)	**Fichte** (f)	['fɪçtə]
pinheiro (m)	**Kiefer** (f)	['ki:fɐ]
alerce, lariço (m)	**Lärche** (f)	['lɛʁçə]
abeto (m)	**Tanne** (f)	['tanə]
cedro (m)	**Zeder** (f)	['tse:dɐ]
choupo, álamo (m)	**Pappel** (f)	['papəl]
tramazeira (f)	**Vogelbeerbaum** (m)	['fo:ɡəlbe:ɐˌbaʊm]
salgueiro (m)	**Weide** (f)	['vaɪdə]
amieiro (m)	**Erle** (f)	['ɛʁlə]
faia (f)	**Buche** (f)	['bu:χə]
ulmeiro (m)	**Ulme** (f)	['ʊlmə]
freixo (m)	**Esche** (f)	['ɛʃə]
castanheiro (m)	**Kastanie** (f)	[kas'ta:niə]
magnólia (f)	**Magnolie** (f)	[mag'no:lɪə]
palmeira (f)	**Palme** (f)	['palmə]
cipreste (m)	**Zypresse** (f)	[tsy'pʀɛsə]
mangue (m)	**Mangrovenbaum** (m)	[maŋ'ɡʀo:vənˌbaʊm]
embondeiro, baobá (m)	**Baobab** (m)	['ba:obap]
eucalipto (m)	**Eukalyptus** (m)	[ɔɪka'lʏptʊs]
sequoia (f)	**Mammutbaum** (m)	['mamʊtˌbaʊm]

95. Arbustos

arbusto (m)	Strauch (m)	[ʃtʀaʊχ]
arbusto (m), moita (f)	Gebüsch (n)	[ɡəˈbʏʃ]
videira (f)	Weinstock (m)	[ˈvaɪnˌʃtɔk]
vinhedo (m)	Weinberg (m)	[ˈvaɪnˌbɛʀk]
framboeseira (f)	Himbeerstrauch (m)	[ˈhɪmbeːɐʃtʀaʊχ]
groselheira-preta (f)	schwarze Johannisbeere (f)	[ˈʃvaʀtsə joːˈhanɪsbeːʀə]
groselheira-vermelha (f)	rote Johannisbeere (f)	[ˈʀoːtə joːˈhanɪsbeːʀə]
groselheira (f) espinhosa	Stachelbeerstrauch (m)	[ˈʃtaχəlbeːɐʃtʀaʊχ]
acácia (f)	Akazie (f)	[aˈkaːtsiə]
bérberis (f)	Berberitze (f)	[bɛʀbəˈʀɪtsə]
jasmim (m)	Jasmin (m)	[jasˈmiːn]
junípero (m)	Wacholder (m)	[vaˈχɔldɐ]
roseira (f)	Rosenstrauch (m)	[ˈʀoːzənˌʃtʀaʊχ]
roseira (f) brava	Heckenrose (f)	[ˈhɛkənˌʀoːzə]

96. Frutos. Bagas

fruta (f)	Frucht (f)	[fʀʊχt]
frutas (f pl)	Früchte (pl)	[ˈfʀʏçtə]
maçã (f)	Apfel (m)	[ˈapfəl]
pera (f)	Birne (f)	[ˈbɪʀnə]
ameixa (f)	Pflaume (f)	[ˈpflaʊmə]
morango (m)	Erdbeere (f)	[ˈeːɐtˌbeːʀə]
ginja (f)	Sauerkirsche (f)	[ˈzaʊɐˌkɪʀʃə]
cereja (f)	Herzkirsche (f)	[ˈhɛʀtsˌkɪʀʃə]
uva (f)	Weintrauben (pl)	[ˈvaɪnˌtʀaʊbən]
framboesa (f)	Himbeere (f)	[ˈhɪmˌbeːʀə]
groselha (f) preta	schwarze Johannisbeere (f)	[ˈʃvaʀtsə joːˈhanɪsbeːʀə]
groselha (f) vermelha	rote Johannisbeere (f)	[ˈʀoːtə joːˈhanɪsbeːʀə]
groselha (f) espinhosa	Stachelbeere (f)	[ˈʃtaχəlˌbeːʀə]
oxicoco (m)	Moosbeere (f)	[ˈmoːsˌbeːʀə]
laranja (f)	Apfelsine (f)	[apfəlˈziːnə]
tangerina (f)	Mandarine (f)	[ˌmandaˈʀiːnə]
ananás (m)	Ananas (f)	[ˈananas]
banana (f)	Banane (f)	[baˈnaːnə]
tâmara (f)	Dattel (f)	[ˈdatəl]
limão (m)	Zitrone (f)	[tsiˈtʀoːnə]
damasco (m)	Aprikose (f)	[ˌapʀiˈkoːzə]

pêssego (m)	Pfirsich (m)	['pfɪʁzɪç]
kiwi (m)	Kiwi, Kiwifrucht (f)	['ki:vi], ['ki:vi͵fʀʊxt]
toranja (f)	Grapefruit (f)	['gʀɛip͵fʀu:t]

baga (f)	Beere (f)	['be:ʀə]
bagas (f pl)	Beeren (pl)	['be:ʀən]
arando (m) vermelho	Preiselbeere (f)	['pʀaɪzəl͵be:ʀə]
morango-silvestre (m)	Walderdbeere (f)	['valt?e:ɐt͵be:ʀə]
mirtilo (m)	Heidelbeere (f)	['haɪdəl͵be:ʀə]

97. Flores. Plantas

| flor (f) | Blume (f) | ['blu:mə] |
| ramo (m) de flores | Blumenstrauß (m) | ['blu:mən͵tʀaʊs] |

rosa (f)	Rose (f)	['ʀo:zə]
tulipa (f)	Tulpe (f)	['tʊlpə]
cravo (m)	Nelke (f)	['nɛlkə]
gladíolo (m)	Gladiole (f)	[͵gla'dɪo:lə]

centáurea (f)	Kornblume (f)	['kɔʁn͵blu:mə]
campânula (f)	Glockenblume (f)	['glokən͵blu:mə]
dente-de-leão (m)	Löwenzahn (m)	['lø:vən͵tsa:n]
camomila (f)	Kamille (f)	[ka'mɪlə]

aloé (m)	Aloe (f)	['a:loe]
cato (m)	Kaktus (m)	['kaktʊs]
fícus (m)	Gummibaum (m)	['gʊmi͵baʊm]

lírio (m)	Lilie (f)	['li:liə]
gerânio (m)	Geranie (f)	[ge'ʀa:nɪə]
jacinto (m)	Hyazinthe (f)	[hya'tsɪntə]

mimosa (f)	Mimose (f)	[mi'mo:zə]
narciso (m)	Narzisse (f)	[naʁ'tsɪsə]
capuchinha (f)	Kapuzinerkresse (f)	[͵kapu'tsi:nɐ͵kʀɛsə]

orquídea (f)	Orchidee (f)	[͵ɔʁçi'de:ə]
peónia (f)	Pfingstrose (f)	['pfɪŋst͵ʀo:zə]
violeta (f)	Veilchen (n)	['faɪlçən]

amor-perfeito (m)	Stiefmütterchen (n)	['ʃti:f͵mʏteçən]
não-me-esqueças (m)	Vergissmeinnicht (n)	[͵fɛɐ'gɪs·maɪn·nɪçt]
margarida (f)	Gänseblümchen (n)	['gɛnzə͵bly:mçən]

papoula (f)	Mohn (m)	[mo:n]
cânhamo (m)	Hanf (m)	[hanf]
hortelã (f)	Minze (f)	['mɪntsə]
lírio-do-vale (m)	Maiglöckchen (n)	['maɪ͵glœkçən]
campânula-branca (f)	Schneeglöckchen (n)	['ʃne:͵glœkçən]

urtiga (f)	**Brennnessel** (f)	['bʀɛn,nɛsəl]
azeda (f)	**Sauerampfer** (m)	['zauɐ,ʔampfɐ]
nenúfar (m)	**Seerose** (f)	['zeː,ʀoːzə]
feto (m), samambaia (f)	**Farn** (m)	[faʀn]
líquen (m)	**Flechte** (f)	['flɛçtə]
estufa (f)	**Gewächshaus** (n)	[gə'vɛks,haus]
relvado (m)	**Rasen** (m)	['ʀaːzən]
canteiro (m) de flores	**Beet** (n)	['beːt]
planta (f)	**Pflanze** (f)	['pflantsə]
erva (f)	**Gras** (n)	[gʀaːs]
folha (f) de erva	**Grashalm** (m)	['gʀaːs,halm]
folha (f)	**Blatt** (n)	[blat]
pétala (f)	**Kelchblatt** (n)	['kɛlç,blat]
talo (m)	**Stiel** (m)	[ʃtiːl]
tubérculo (m)	**Knolle** (f)	['knɔlə]
broto, rebento (m)	**Jungpflanze** (f)	['juŋ,pflantsə]
espinho (m)	**Dorn** (m)	[dɔʀn]
florescer (vi)	**blühen** (vi)	['blyːən]
murchar (vi)	**welken** (vi)	['vɛlkən]
cheiro (m)	**Geruch** (m)	[gə'ʀuχ]
cortar (flores)	**abschneiden** (vt)	['ap,ʃnaidən]
colher (uma flor)	**pflücken** (vt)	['pflʏkən]

98. Cereais, grãos

grão (m)	**Getreide** (n)	[gə'tʀaidə]
cereais (plantas)	**Getreidepflanzen** (pl)	[gə'tʀaidə,pflantsən]
espiga (f)	**Ähre** (f)	['ɛːʀə]
trigo (m)	**Weizen** (m)	['vaitsən]
centeio (m)	**Roggen** (m)	['ʀɔgən]
aveia (f)	**Hafer** (m)	['haːfɐ]
milho-miúdo (m)	**Hirse** (f)	['hiʀzə]
cevada (f)	**Gerste** (f)	['gɛʀstə]
milho (m)	**Mais** (m)	['mais]
arroz (m)	**Reis** (m)	[ʀais]
trigo-sarraceno (m)	**Buchweizen** (m)	['buːχ,vaitsən]
ervilha (f)	**Erbse** (f)	['ɛʀpsə]
feijão (m)	**weiße Bohne** (f)	['vaisə 'boːnə]
soja (f)	**Sojabohne** (f)	['zoːja,boːnə]
lentilha (f)	**Linse** (f)	['lɪnzə]
fava (f)	**Bohnen** (pl)	['boːnən]

PAÍSES DO MUNDO

T&P Books Publishing

Afeganistão (m)	Afghanistan (n)	[afˈgaːnɪstaːn]
África do Sul (f)	Republik Südafrika (f)	[ʀepuˈbliːk zyːtˌʔaːfʀika]
Albânia (f)	Albanien (n)	[alˈbaːniən]
Alemanha (f)	Deutschland (n)	[ˈdɔɪtʃlant]
Arábia (f) Saudita	Saudi-Arabien (n)	[ˌzaʊdiʔaˈʀaːbiən]
Argentina (f)	Argentinien (n)	[ˌaʁgɛnˈtiːniən]
Arménia (f)	Armenien (n)	[aʁˈmeːniən]

Austrália (f)	Australien (n)	[aʊsˈtʀaːliən]
Áustria (f)	Österreich (n)	[ˈøːstəʀaɪç]
Azerbaijão (m)	Aserbaidschan (n)	[ˌazɛʏbaɪˈdʒaːn]
Bahamas (f pl)	Die Bahamas	[di baˈhaːmaːs]
Bangladesh (m)	Bangladesch (n)	[ˌbaŋglaˈdɛʃ]
Bélgica (f)	Belgien (n)	[ˈbɛlgiən]

Bielorrússia (f)	Weißrussland (n)	[ˈvaɪsˌʀʊslant]
Bolívia (f)	Bolivien (n)	[boˈliːviən]
Bósnia e Herzegovina (f)	Bosnien und Herzegowina (n)	[ˈbɔsniən ʊnt ˌhɛʁtsəˈgovinaː]
Brasil (m)	Brasilien (n)	[bʀaˈziːliən]
Bulgária (f)	Bulgarien (n)	[bʊlˈgaːʀiən]
Camboja (f)	Kambodscha (n)	[kamˈbɔdʒa]
Canadá (m)	Kanada (n)	[ˈkanada]

Cazaquistão (m)	Kasachstan (n)	[ˈkaːzaχˌstaːn]
Chile (m)	Chile (n)	[ˈtʃiːlə]
China (f)	China (n)	[ˈçiːna]
Chipre (m)	Zypern (n)	[ˈtsyːpɐn]
Colômbia (f)	Kolumbien (n)	[koˈlʊmbiən]
Coreia do Norte (f)	Nordkorea (n)	[ˈnɔʁtˈkoˈʀeːa]

Coreia do Sul (f)	Südkorea (n)	[ˈzyːtkoˈʀeːa]
Croácia (f)	Kroatien (n)	[kʀoˈaːtsiən]
Cuba (f)	Kuba (n)	[ˈkuːba]
Dinamarca (f)	Dänemark (n)	[ˈdɛːnəˌmaʁk]
Egito (m)	Ägypten (n)	[ɛˈgʏptən]
Emirados Árabes Unidos	Vereinigten Arabischen Emirate (pl)	[fɛɐˈʔaɪnɪgən aˈʀaːbɪʃən emiˈʀaːtə]
Equador (m)	Ecuador (n)	[ˌekuaˈdoːɐ]

Escócia (f)	Schottland (n)	[ˈʃɔtlant]
Eslováquia (f)	Slowakei (f)	[slovaˈkaɪ]
Eslovénia (f)	Slowenien (n)	[sloˈveːniən]
Espanha (f)	Spanien (n)	[ˈʃpaːniən]

Estados Unidos da América	Die Vereinigten Staaten	[di fɛɛ'ʔaɪnɪçtən 'ʃtaːtən]
Estónia (f)	Estland (n)	['ɛstlant]

100. Países. Parte 2

Finlândia (f)	Finnland (n)	['fɪnlant]
França (f)	Frankreich (n)	['fʀaŋkʀaɪç]
Gana (f)	Ghana (n)	['gaːna]
Geórgia (f)	Georgien (n)	[ge'ɔʁgɪən]
Grã-Bretanha (f)	Großbritannien (n)	[gʀoːs·bʀi'tanɪən]
Grécia (f)	Griechenland (n)	['gʀiːçən‚lant]
Haiti (m)	Haiti (n)	[ha'iːti]

Hungria (f)	Ungarn (n)	['ʊŋgaʁn]
Índia (f)	Indien (n)	['ɪndɪən]
Indonésia (f)	Indonesien (n)	[ɪndo'neːzɪən]
Inglaterra (f)	England (n)	['ɛŋlant]
Irão (m)	Iran (m, n)	[i'ʀaːn]
Iraque (m)	Irak (m, n)	[i'ʀaːk]
Irlanda (f)	Irland (n)	['ɪʁlant]
Islândia (f)	Island (n)	['iːslant]

Israel (m)	Israel (n)	['ɪsʀaeːl]
Itália (f)	Italien (n)	[i'taːlɪən]
Jamaica (f)	Jamaika (n)	[ja'maɪka]
Japão (m)	Japan (n)	['jaːpan]
Jordânia (f)	Jordanien (n)	[jɔʁ'daːnɪən]
Kuwait (m)	Kuwait (n)	[ku'vaɪt]
Laos (m)	Laos (n)	['laːɔs]

Letónia (f)	Lettland (n)	['lɛtlant]
Líbano (m)	Libanon (m, n)	['liːbanɔn]
Líbia (f)	Libyen (n)	['liːbyən]
Liechtenstein (m)	Liechtenstein (n)	['lɪçtən‚ʃtaɪn]
Lituânia (f)	Litauen (n)	['lɪtauən]
Luxemburgo (m)	Luxemburg (n)	['lʊksəm‚bʊʁk]
Macedónia (f)	Makedonien (n)	[make'doːnɪən]
Madagáscar (m)	Madagaskar (n)	[‚mada'gaskaʁ]

Malásia (f)	Malaysia (n)	[ma'laɪzɪa]
Malta (f)	Malta (n)	['malta]
Marrocos	Marokko (n)	[‚ma'ʀɔko]
México (m)	Mexiko (n)	['mɛksikoː]
Mianmar, Birmânia	Myanmar (n)	['mɪanmaːɐ]
Moldávia (f)	Moldawien (n)	[mɔl'daːvɪən]
Mónaco (m)	Monaco (n)	[mo'nako]

Mongólia (f)	Mongolei (f)	[‚mɔŋgo'laɪ]
Montenegro (m)	Montenegro (n)	[mɔnte'neːgʀo]

Namíbia (f)	Namibia (n)	[na'mi:bia]
Nepal (m)	Nepal (n)	['ne:pal]
Noruega (f)	Norwegen (n)	['nɔʁˌve:gən]
Nova Zelândia (f)	Neuseeland (n)	[nɔɪ'ze:lant]

101. Países. Parte 3

Países (m pl) Baixos	Niederlande (f)	['ni:dəˌlandə]
Palestina (f)	Palästina (n)	[palɛs'ti:na]
Panamá (m)	Panama (n)	['panama:]
Paquistão (m)	Pakistan (n)	['pa:kɪsta:n]
Paraguai (m)	Paraguay (n)	['pa:ʀagvaɪ]
Peru (m)	Peru (n)	[pe'ʀu:]
Polinésia Francesa (f)	Französisch-Polynesien (n)	[fʀan'tsø:zɪʃ poly'ne:zɪən]
Polónia (f)	Polen (n)	['po:lən]
Portugal (m)	Portugal (n)	['pɔʁtugal]
Quénia (f)	Kenia (n)	['ke:nia]
Quirguizistão (m)	Kirgisien (n)	['kɪʁgi:zɪən]
República (f) Checa	Tschechien (n)	['tʃɛçɪən]
República (f) Dominicana	Dominikanische Republik (f)	[dominiˌka:nɪʃə ʀepu'blik]
Roménia (f)	Rumänien (n)	[ʀu'mɛ:nɪən]
Rússia (f)	Russland (n)	['ʀʊslant]
Senegal (m)	Senegal (m)	['ze:negal]
Sérvia (f)	Serbien (n)	['zɛʁbɪən]
Síria (f)	Syrien (n)	['zy:ʀɪən]
Suécia (f)	Schweden (n)	['ʃve:dən]
Suíça (f)	Schweiz (f)	[ʃvaɪts]
Suriname (m)	Suriname (n)	[syʀi'na:mə]
Tailândia (f)	Thailand (n)	['taɪlant]
Taiwan (m)	Taiwan (n)	[taɪ'va:n]
Tajiquistão (m)	Tadschikistan (n)	[ta'dʒi:kɪsta:n]
Tanzânia (f)	Tansania (n)	[tan'za:nɪa]
Tasmânia (f)	Tasmanien (n)	[tas'ma:nɪən]
Tunísia (f)	Tunesien (n)	[tu'ne:zɪən]
Turquemenistão (m)	Turkmenistan (n)	[tʊʁk'me:nɪsta:n]
Turquia (f)	Türkei (f)	[tʏʁ'kaɪ]
Ucrânia (f)	Ukraine (f)	[ˌukʀa'i:nə]
Uruguai (m)	Uruguay (n)	['u:ʀugvaɪ]
Uzbequistão (f)	Usbekistan (n)	[ʊs'be:kɪsta:n]
Vaticano (m)	Vatikan (m)	[vati'ka:n]
Venezuela (f)	Venezuela (n)	[ˌvene'tsue:la]
Vietname (m)	Vietnam (n)	[vɪɛt'nam]
Zanzibar (m)	Sansibar (n)	['zanziba:ɐ]

DICIONÁRIO GASTRONÔMICO

Esta secção contém uma série de palavras e termos associados aos alimentos. Este dicionário fará com que seja mais fácil para si entender o menu num restaurante e escolher o prato certo

T&P Books Publishing

Português-Alemão dicionário gastronômico

água (f)	Wasser (n)	['vasɐ]
água (f) mineral	Mineralwasser (n)	[mine'ʀaːlˌvasɐ]
água (f) potável	Trinkwasser (n)	['tʀɪŋkˌvasɐ]
óleo (m)	Pflanzenöl (n)	['pflantsənˌʔøːl]
óleo (m) de girassol	Sonnenblumenöl (n)	['zɔnənbluːmənˌʔøːl]
açúcar (m)	Zucker (m)	['tsʊkɐ]
açafrão (m)	Safran (m)	['zafʀan]
abóbora (f)	Kürbis (m)	['kʏʁbɪs]
abacate (m)	Avocado (f)	[avo'kaːdo]
abre-latas (m)	Dosenöffner (m)	['doːzənˌʔœfnɐ]
abridor (m) de garrafas	Flaschenöffner (m)	['flaʃənˌʔœfnɐ]
agário-das-moscas (m)	Fliegenpilz (m)	['fliːgənˌpɪlts]
aipo (m)	Sellerie (m)	['zɛlɐʀi]
alcachofra (f)	Artischocke (f)	[aʁti'ʃɔkə]
alface (f)	Kopf Salat (m)	[kɔpf za'laːt]
alho (m)	Knoblauch (m)	['knoːpˌlaʊx]
almoço (m)	Mittagessen (n)	['mɪtaːkˌʔɛsən]
amêndoa (f)	Mandel (f)	['mandəl]
amargo	bitter	['bɪtɐ]
ameixa (f)	Pflaume (f)	['pflaʊmə]
amendoim (m)	Erdnuss (f)	['eːɐ̯tˌnʊs]
amora silvestre (f)	Brombeere (f)	['bʀɔmˌbeːʀə]
ananás (m)	Ananas (f)	['ananas]
anis (m)	Anis (m)	[a'niːs]
aperitivo (m)	Aperitif (m)	[apeʀi'tiːf]
apetite (m)	Appetit (m)	[ape'tiːt]
arando (m) vermelho	Preiselbeere (f)	['pʀaɪzəlˌbeːʀə]
arenque (m)	Hering (m)	['heːʀɪŋ]
arroz (m)	Reis (m)	[ʀaɪs]
atum (m)	Tunfisch (m)	['tuːnfɪʃ]
aveia (f)	Hafer (m)	['haːfɐ]
avelã (f)	Haselnuss (f)	['haːzəlˌnʊs]
azeite (m)	Olivenöl (n)	[o'liːvənˌʔøːl]
azeitonas (f pl)	Oliven (pl)	[o'liːvən]
bacalhau (m)	Dorsch (m)	[dɔʁʃ]
bacon (m)	Schinkenspeck (m)	['ʃɪŋkənʃpɛk]
baga (f)	Beere (f)	['beːʀə]
bagas (f pl)	Beeren (pl)	['beːʀən]
banana (f)	Banane (f)	[ba'naːnə]
bar (m)	Bar (f)	[baːɐ̯]
barman (m)	Barmixer (m)	['baːɐ̯ˌmɪksɐ]
batata (f)	Kartoffel (f)	[kaʁ'tɔfəl]
batido (m) de leite	Milchcocktail (m)	['mɪlçˌkɔktɛɪl]
bebida (f) sem álcool	alkoholfreies Getränk (n)	['alkohoːlˌfʀaɪəs gə'tʀɛŋk]

bebidas (f pl) alcoólicas	Spirituosen (pl)	[ʃpiʀiˈtʊoːzən]
beringela (f)	Aubergine (f)	[ˌobɛʀˈʒiːnə]
beterraba (f)	Zuckerrübe (f)	[ˈtsʊkɐˌʀyːbə]
bife (m)	Beefsteak (n)	[ˈbiːfʃteːk]
bocado, pedaço (m)	Stück (n)	[ʃtʏk]
bolacha (f)	Keks (m, n)	[keːks]
boleto (m) áspero	Rotkappe (f)	[ˈʀoːtˌkapə]
boleto (m) castanho	Birkenpilz (m)	[ˈbɪʀkənˌpɪlts]
bolo (m)	Törtchen (n)	[ˈtœʀtçən]
bolo (m) de aniversário	Torte (f)	[ˈtɔʀtə]
Bom apetite!	Guten Appetit!	[ˌɡutən ˌʔapəˈtiːt]
brócolos (m pl)	Brokkoli (m)	[ˈbʀokoli]
brema (f)	Brachse (f)	[ˈbʀaksə]
caça (f)	Wild (n)	[vɪlt]
café (m)	Kaffee (m)	[ˈkafe]
café (m) com leite	Milchkaffee (m)	[ˈmɪlçˌkaˌfeː]
café (m) puro	schwarzer Kaffee (m)	[ˈʃvaʀtsɐ ˈkafe]
café (m) solúvel	Pulverkaffee (m)	[ˈpʊlfɐˌkafe]
caldo (m)	Brühe (f), Bouillon (f)	[ˈbʀyːə], [bulˈjɔŋ]
caloria (f)	Kalorie (f)	[kaloˈʀiː]
camarão (m)	Garnele (f)	[ɡaʀˈneːlə]
canela (f)	Zimt (m)	[tsɪmt]
cantarelo (m)	Pfefferling (m)	[ˈpfɛfelɪŋ]
cappuccino (m)	Cappuccino (m)	[ˌkapʊˈtʃiːno]
caranguejo (m)	Krabbe (f)	[ˈkʀabə]
carne (f)	Fleisch (n)	[flaɪʃ]
carne (f) de carneiro	Hammelfleisch (n)	[ˈhaməlˌflaɪʃ]
carne (f) de coelho	Kaninchenfleisch (n)	[kaˈniːnçənˌflaɪʃ]
carne (f) de porco	Schweinefleisch (n)	[ˈʃvaɪnəˌflaɪʃ]
carne (f) de vaca	Rindfleisch (n)	[ˈʀɪntˌflaɪʃ]
carne (f) de vitela	Kalbfleisch (n)	[ˈkalpˌflaɪʃ]
carne (f) moída	Hackfleisch (n)	[ˈhakˌflaɪʃ]
carpa (f)	Karpfen (m)	[ˈkaʀpfən]
casca (f)	Schale (f)	[ˈʃaːlə]
cavala (m), sarda (f)	Makrele (f)	[maˈkʀeːlə]
caviar (m)	Kaviar (m)	[ˈkaːvɪaʀ]
cebola (f)	Zwiebel (f)	[ˈtsviːbəl]
cenoura (f)	Karotte (f)	[kaˈʀɔtə]
centeio (m)	Roggen (m)	[ˈʀɔɡən]
cepe-de-bordéus (m)	Steinpilz (m)	[ˈʃtaɪnˌpɪlts]
cereais (m pl)	Getreidepflanzen (pl)	[ɡəˈtʀaɪdəˌpflantsən]
cereja (f)	Herzkirsche (f)	[ˈhɛʀtsˌkɪʀʃə]
cerveja (f)	Bier (n)	[biːɐ]
cerveja (f) clara	Helles (n)	[ˈhɛlɛs]
cerveja (m) preta	Dunkelbier (n)	[ˈdʊŋkəlˌbiːɐ]
cevada (f)	Gerste (f)	[ˈɡɛʀstə]
chá (m)	Tee (m)	[teː]
chá (m) preto	schwarzer Tee (m)	[ˈʃvaʀtsɐ ˈteː]
chá (m) verde	grüner Tee (m)	[ˈɡʀyːnɐ teː]
chávena (f)	Tasse (f)	[ˈtasə]
champanhe (m)	Champagner (m)	[ʃamˈpanjɐ]
chocolate (m)	Schokolade (f)	[ʃokoˈlaːdə]

chouriço (m)	**Wurst** (f)	[vʊʀst]
cicuta (f) verde	**Grüner Knollenblätterpilz** (m)	['gʀyːnɐ 'knɔlən·blɛtɐˌpɪlts]
clara (f) do ovo	**Eiweiß** (n)	['aɪvaɪs]
coco (m)	**Kokosnuss** (f)	['koːkɔsˌnʊs]
coentro (m)	**Koriander** (m)	[koˈʀɪandɐ]
cogumelo (m)	**Pilz** (m)	[pɪlts]
cogumelo (m) comestível	**essbarer Pilz** (m)	['ɛsbaːʀɐ pɪlts]
cogumelo (m) venenoso	**Giftpilz** (m)	['gɪftˌpɪlts]
colher (f)	**Löffel** (m)	['lœfəl]
colher (f) de chá	**Teelöffel** (m)	['teːˌlœfəl]
colher (f) de sopa	**Esslöffel** (m)	['ɛsˌlœfəl]
com gás	**mit Gas**	[mɪt gaːs]
com gelo	**mit Eis**	[mɪt aɪs]
comida (f)	**Essen** (n)	['ɛsən]
cominho (m)	**Kümmel** (m)	['kʏməl]
condimento (m)	**Gewürz** (n)	[gəˈvʏʀts]
conduto (m)	**Beilage** (f)	['baɪˌlaːgə]
congelado	**tiefgekühlt**	['tiːfgəˌkyːlt]
conhaque (m)	**Kognak** (m)	['kɔnjak]
conservas (f pl)	**Konserven** (pl)	[kɔnˈzɛʀvən]
conta (f)	**Rechnung** (f)	['ʀɛçnʊŋ]
copo (m)	**Wasserglas** (n)	['vasɐˌglaːs]
coquetel (m)	**Cocktail** (m)	['kɔktɛɪl]
couve (f)	**Kohl** (m)	[koːl]
couve-de-bruxelas (f)	**Rosenkohl** (m)	['ʀoːzənˌkoːl]
couve-flor (f)	**Blumenkohl** (m)	['bluːmənˌkoːl]
cozido	**gekocht**	[gəˈkɔχt]
cozinha (f)	**Küche** (f)	['kʏçə]
cravo (m)	**Nelke** (f)	['nɛlkə]
creme (m)	**Buttercreme** (f)	['bʊtɐˌkʀɛːm]
creme (m) azedo	**saure Sahne** (f)	['zaʊʀə 'zaːnə]
crustáceos (m pl)	**Krebstiere** (pl)	['kʀɛːpsˌtiːʀə]
curgete (f)	**Zucchini** (f)	[tsʊˈkiːni]
damasco (m)	**Aprikose** (f)	[ˌapʀiˈkoːzə]
de chocolate	**Schokoladen-**	[ʃokoˈlaːdən]
dieta (f)	**Diät** (f)	[diˈɛːt]
doce (f)	**Marmelade** (f)	[ˌmaʀməˈlaːdə]
doce (m)	**Konfitüre** (f)	[ˌkɔnfiˈtyːʀə]
doce, açucarado	**süß**	[zyːs]
em vinagre	**mariniert**	[maʀiˈniːɐt]
ementa (f)	**Speisekarte** (f)	['ʃpaɪzəˌkaʀtə]
empregada (f) de mesa	**Kellnerin** (f)	['kɛlnəʀɪn]
empregado (m) de mesa	**Kellner** (m)	['kɛlnɐ]
enguia (f)	**Aal** (m)	[aːl]
entrada (f)	**Vorspeise** (f)	['foːɐˌʃpaɪzə]
ervilha (f)	**Erbse** (f)	['ɛʀpsə]
espaguete (m)	**Spaghetti** (pl)	[ʃpaˈgɛti]
espargo (m)	**Spargel** (m)	['ʃpaʀgəl]
especiaria (f)	**Würze** (f)	['vʏʀtsə]
espiga (f)	**Ähre** (f)	['ɛːʀə]
espinafre (m)	**Spinat** (m)	[ʃpiˈnaːt]

esturjão (m)	Störfleisch (n)	[ˈʃtøːɐˌflaɪʃ]
faca (f)	Messer (n)	[ˈmɛsɐ]
farinha (f)	Mehl (n)	[meːl]
fatia (f)	Scheibchen (n)	[ˈʃaɪpçən]
fava (f)	Bohnen (pl)	[ˈboːnən]
feijão (m)	weiße Bohne (f)	[ˈvaɪsə ˈboːnə]
fiambre (f)	Schinken (m)	[ˈʃɪŋkən]
figo (m)	Feige (f)	[ˈfaɪgə]
flocos (m pl) de milho	Haferflocken (pl)	[ˈhaːfɐˌflɔkən]
folhas (f pl) de louro	Lorbeerblatt (n)	[ˈlɔʁbeːɐˌblat]
framboesa (f)	Himbeere (f)	[ˈhɪmˌbeːʁə]
frio	kalt	[kalt]
frito	gebraten	[gəˈbʁaːtən]
fruta (f)	Frucht (f)	[fʁʊχt]
frutas (f pl)	Früchte (pl)	[ˈfʁʏçtə]
fumado	geräuchert	[gəˈʁɔɪçɐt]
funcho, endro (m)	Dill (m)	[dɪl]
galinha (f)	Hühnerfleisch (n)	[ˈhyːnɐˌflaɪʃ]
ganso (m)	Gans (f)	[gans]
garfo (m)	Gabel (f)	[ˈgaːbəl]
gaseificada	mit Kohlensäure	[mɪt ˈkoːlənˌzɔɪʁə]
gelado (m)	Eis (n)	[aɪs]
geleia (f) de frutas	Marmelade (f)	[ˌmaʁməˈlaːdə]
gelo (m)	Eis (n)	[aɪs]
gema (f) do ovo	Eigelb (n)	[ˈaɪgɛlp]
gengibre (m)	Ingwer (m)	[ˈɪŋvɐ]
gim (m)	Gin (m)	[dʒɪn]
ginja (f)	Sauerkirsche (f)	[ˈzaʊɐˌkɪʁʃə]
gorduras (f pl)	Fett (n)	[fɛt]
gorjeta (f)	Trinkgeld (n)	[ˈtʁɪŋkˌgɛlt]
gostinho (m)	Beigeschmack (m)	[ˈbaɪgəˌʃmak]
gostoso	lecker	[ˈlɛkɐ]
grão (m)	Getreide (n)	[gəˈtʁaɪdə]
grãos (m pl) de cereais	Grütze (f)	[ˈgʁʏtsə]
groselha (f) espinhosa	Stachelbeere (f)	[ˈʃtaχəlˌbeːʁə]
groselha (f) preta	schwarze Johannisbeere (f)	[ˈʃvaʁtsə joːˈhanɪsbeːʁə]
groselha (f) vermelha	rote Johannisbeere (f)	[ˈʁoːtə joːˈhanɪsbeːʁə]
halibute (m)	Heilbutt (m)	[ˈhaɪlbʊt]
hambúrguer (m)	Hamburger (m)	[ˈhamˌbʊʁgɐ]
hidratos (m pl) de carbono	Kohlenhydrat (n)	[ˈkoːlənhyˌdʁaːt]
iogurte (m)	Joghurt (m, f)	[ˈjoːgʊʁt]
iscas (f pl)	Leber (f)	[ˈleːbɐ]
jantar (m)	Abendessen (n)	[ˈaːbəntˌʔɛsən]
kiwi (m)	Kiwi, Kiwifrucht (f)	[ˈkiːvi], [ˈkiːviˌfʁʊχt]
língua (f)	Zunge (f)	[ˈtsʊŋə]
lúcio (m)	Hecht (m)	[hɛçt]
lagosta (f)	Languste (f)	[laŋˈgʊstə]
laranja (f)	Apfelsine (f)	[apfəlˈziːnə]
legumes (m pl)	Gemüse (n)	[gəˈmyːzə]
leite (m)	Milch (f)	[mɪlç]
leite (m) condensado	Kondensmilch (f)	[kɔnˈdɛnsˌmɪlç]

lentilha (f)	Linse (f)	['lɪnzə]
licor (m)	Likör (f)	[li'køːɐ]
limão (m)	Zitrone (f)	[tsi'tʁoːnə]
limonada (f)	Limonade (f)	[limo'naːdə]
lista (f) de vinhos	Weinkarte (f)	['vaɪnˌkaʁtə]
lula (f)	Kalmar (m)	['kalmaʁ]
maçã (f)	Apfel (m)	['apfəl]
maionese (f)	Mayonnaise (f)	[majo'nɛːzə]
manga (f)	Mango (f)	['maŋgo]
manjericão (m)	Basilikum (n)	[ba'ziːlikʊm]
manteiga (f)	Butter (f)	['bʊtə]
margarina (f)	Margarine (f)	[maʁga'ʁiːnə]
marisco (m)	Meeresfrüchte (pl)	['meːʁəsˌfʁʏçtə]
massas (f pl)	Teigwaren (pl)	['taɪkˌvaːʁən]
mel (m)	Honig (m)	['hoːnɪç]
melancia (f)	Wassermelone (f)	['vasɐməˌloːnə]
meloa (f), melão (m)	Melone (f)	[me'loːnə]
migalha (f)	Krümel (m)	['kʁyːməl]
milho (m)	Mais (m)	['maɪs]
milho (m)	Mais (m)	['maɪs]
milho-miúdo (m)	Hirse (f)	['hɪʁzə]
mirtilo (m)	Heidelbeere (f)	['haɪdəlˌbeːʁə]
molho (m)	Soße (f)	['zoːsə]
morango (m)	Erdbeere (f)	['eːʁtˌbeːʁə]
morango-silvestre (m)	Walderdbeere (f)	['valtʔeːʁtˌbeːʁə]
morchela (f)	Morchel (f)	['mɔʁçəl]
mostarda (f)	Senf (m)	[zɛnf]
nabo (m)	Rübe (f)	['ʁyːbə]
nata (f) do leite	Sahne (f)	['zaːnə]
noz (f)	Walnuss (f)	['valˌnʊs]
omelete (f)	Omelett (n)	[ɔm'lɛt]
ostra (f)	Auster (f)	['aʊstə]
ovo (m)	Ei (n)	[aɪ]
ovos (m pl)	Eier (pl)	['aɪɐ]
ovos (m pl) estrelados	Spiegelei (n)	['ʃpiːgəlˌʔaɪ]
oxicoco (m)	Moosbeere (f)	['moːsˌbeːʁə]
páprica (f)	Paprika (m)	['papʁika]
pão (m)	Brot (n)	[bʁoːt]
pêssego (m)	Pfirsich (m)	['pfɪʁzɪç]
palito (m)	Zahnstocher (m)	['tsaːnˌʃtɔχɐ]
papa (f)	Brei (m)	[bʁaɪ]
papaia (f), mamão (m)	Papaya (f)	[pa'paːja]
pastelaria (f)	Konditorwaren (pl)	[kɔn'ditoːɐˌvaːʁən]
pastilha (f) elástica	Kaugummi (m, n)	['kaʊˌgʊmi]
patê (m)	Pastete (f)	[pas'teːtə]
pato (m)	Ente (f)	['ɛntə]
peixe (m)	Fisch (m)	[fɪʃ]
pepino (m)	Gurke (f)	['gʊʁkə]
pequeno-almoço (m)	Frühstück (n)	['fʁyːʃtʏk]
pera (f)	Birne (f)	['bɪʁnə]
perca (f)	Barsch (m)	[baʁʃ]
peru (m)	Pute (f)	['puːtə]

pimentão (m)	Paprika (m)	['papʁika]
pimenta (f) preta	schwarzer Pfeffer (m)	['ʃvaʁtsɐ 'pfɛfɐ]
pimenta (f) vermelha	roter Pfeffer (m)	['ʁo:tɐ 'pfɛfɐ]
pires (m)	Untertasse (f)	['ʊntɐˌtasə]
pistáchios (m pl)	Pistazien (pl)	[pɪs'ta:tsɪən]
pizza (f)	Pizza (f)	['pɪtsa]
porção (f)	Portion (f)	[pɔʁ'tsjo:n]
prato (m)	Gericht (n)	[gə'ʁɪçt]
prato (m)	Teller (m)	['tɛlɐ]
presunto (m)	Räucherschinken (m)	['ʁɔɪçɐˌʃɪŋkən]
proteínas (f pl)	Protein (n)	[pʁote'i:n]
pudim (m)	Pudding (m)	['pʊdɪŋ]
puré (m) de batata	Kartoffelpüree (n)	[kaʁ'tɔfəl·pyˌʁe:]
queijo (m)	Käse (m)	['kɛ:zə]
quente	heiß	[haɪs]
rússula (f)	Täubling (m)	['tɔyplɪŋ]
rabanete (m)	Radieschen (n)	[ʁa'di:sçən]
raiz-forte (f)	Meerrettich (m)	['me:ɐˌʁɛtɪç]
rebuçado (m)	Bonbon (m, n)	[bɔŋ'bɔŋ]
receita (f)	Rezept (n)	[ʁe'tsɛpt]
recheio (m)	Füllung (f)	['fʏlʊŋ]
refresco (m)	Erfrischungsgetränk (n)	[ɛɐ'fʁɪʃʊŋs·gəˌtʁɛŋk]
romã (f)	Granatapfel (m)	[gʁa'na:tˌʔapfəl]
rum (m)	Rum (m)	[ʁʊm]
sésamo (m)	Sesam (m)	['ze:zam]
sabor, gosto (m)	Geschmack (m)	[gə'ʃmak]
saca-rolhas (m)	Korkenzieher (m)	['kɔʁkənˌtsi:ɐ]
sal (m)	Salz (n)	[zalts]
salada (f)	Salat (m)	[za'la:t]
salgado	salzig	['zaltsɪç]
salmão (m)	Lachs (m)	[laks]
salmão (m)	atlantische Lachs (m)	[at'lantɪʃə laks]
salsa (f)	Petersilie (f)	[petɐ'zi:lɪə]
salsicha (f)	Würstchen (n)	['vʏʁstçən]
sandes (f)	belegtes Brot (n)	[bə'le:ktəs bʁo:t]
sardinha (f)	Sardine (f)	[zaʁ'di:nə]
seco	getrocknet	[gə'tʁɔknət]
sem álcool	alkoholfrei	['alkoho:l·fʁaɪ]
sem gás	still	[ʃtɪl]
siluro (m)	Wels (m)	[vɛls]
sobremesa (f)	Nachtisch (m)	['na:xˌtɪʃ]
soja (f)	Sojabohne (f)	['zo:jaˌbo:nə]
solha (f)	Scholle (f)	['ʃɔlə]
sopa (f)	Suppe (f)	['zʊpə]
sumo (m)	Saft (m)	[zaft]
sumo (m) de laranja	Orangensaft (m)	[o'ʁa:ŋʒənˌzaft]
sumo (m) de tomate	Tomatensaft (m)	[to'ma:tənˌzaft]
sumo (m) fresco	frisch gepresster Saft (m)	[fʁɪʃ gə'pʁɛstə zaft]
tâmara (f)	Dattel (f)	['datəl]
taça (m) de vinho	Weinglas (n)	['vaɪnˌgla:s]
talharim (m)	Nudeln (pl)	['nu:dəln]
tangerina (f)	Mandarine (f)	[ˌmanda'ʁi:nə]

tarte (f)	**Kuchen** (m)	['ku:χən]
tomate (m)	**Tomate** (f)	[to'ma:tə]
toranja (f)	**Grapefruit** (f)	['gʀɛɪpˌfʀu:t]
trigo (m)	**Weizen** (m)	['vaɪtsən]
trigo-sarraceno (m)	**Buchweizen** (m)	['bu:χˌvaɪtsən]
truta (f)	**Forelle** (f)	[ˌfo'ʀɛlə]
tubarão (m)	**Hai** (m)	[haɪ]
uísque (m)	**Whisky** (m)	['vɪski]
uva (f)	**Weintrauben** (pl)	['vaɪnˌtʀaʊbən]
uvas (f pl) passas	**Rosinen** (pl)	[ʀo'zi:nən]
vegetariano	**vegetarisch**	[vege'ta:ʀɪʃ]
vegetariano (m)	**Vegetarier** (m)	[vege'ta:ʀɪɐ]
verduras (f pl)	**grünes Gemüse** (pl)	['gʀy:nəs gə'my:zə]
vermute (m)	**Wermut** (m)	['ve:ɐmu:t]
vinagre (m)	**Essig** (m)	['ɛsɪç]
vinho (m)	**Wein** (m)	[vaɪn]
vinho (m) branco	**Weißwein** (m)	['vaɪsˌvaɪn]
vinho (m) tinto	**Rotwein** (m)	['ʀo:tˌvaɪn]
vitamina (f)	**Vitamin** (n)	[vita'mi:n]
vodca, vodka (f)	**Wodka** (m)	['vɔtka]
waffle (m)	**Waffeln** (pl)	[vafəln]
zander (m)	**Zander** (m)	['tsandɐ]

Alemão-Português dicionário gastronômico

Alemão	Pronúncia	Português
Ähre (f)	['ɛːʀə]	espiga (f)
Aal (m)	[aːl]	enguia (f)
Abendessen (n)	['aːbənt,ʔɛsən]	jantar (m)
alkoholfrei	['alkohoːl·fʀaɪ]	sem álcool
alkoholfreies Getränk (n)	['alkohoːl·fʀaɪəs gə'tʀɛŋk]	bebida (f) sem álcool
Ananas (f)	['ananas]	ananás (m)
Anis (m)	[a'niːs]	anis (m)
Aperitif (m)	[apeʀi'tiːf]	aperitivo (m)
Apfel (m)	['apfəl]	maçã (f)
Apfelsine (f)	[apfəl'ziːnə]	laranja (f)
Appetit (m)	[ape'tiːt]	apetite (m)
Aprikose (f)	[‚apʀi'koːzə]	damasco (m)
Artischocke (f)	[aʀti'ʃɔkə]	alcachofra (f)
atlantische Lachs (m)	[at'lantɪʃə laks]	salmão (m)
Aubergine (f)	[‚obɛʀ'ʒiːnə]	beringela (f)
Auster (f)	['aʊstə]	ostra (f)
Avocado (f)	[avo'kaːdo]	abacate (m)
Banane (f)	[ba'naːnə]	banana (f)
Bar (f)	[baːə]	bar (m)
Barmixer (m)	['baːə‚mɪksə]	barman (m)
Barsch (m)	[baʀʃ]	perca (f)
Basilikum (n)	[ba'ziːlikʊm]	manjericão (m)
Beefsteak (n)	['biːfˌʃteːk]	bife (m)
Beere (f)	['beːʀə]	baga (f)
Beeren (pl)	['beːʀən]	bagas (f pl)
Beigeschmack (m)	['baɪgə‚ʃmak]	gostinho (m)
Beilage (f)	['baɪˌlaːgə]	conduto (m)
belegtes Brot (n)	[bə'leːktəs bʀoːt]	sandes (f)
Bier (n)	[biːə]	cerveja (f)
Birkenpilz (m)	['bɪʀkən‚pɪlts]	boleto (m) castanho
Birne (f)	['bɪʀnə]	pera (f)
bitter	['bɪtə]	amargo
Blumenkohl (m)	['bluːmən‚koːl]	couve-flor (f)
Bohnen (pl)	['boːnən]	fava (f)
Bonbon (m, n)	[bɔŋ'bɔŋ]	rebuçado (m)
Brühe (f), Bouillon (f)	['bʀyːə], [bul'jɔŋ]	caldo (m)
Brachse (f)	['bʀaksə]	brema (f)
Brei (m)	[bʀaɪ]	papa (f)
Brokkoli (m)	['bʀɔkoli]	brócolos (m pl)
Brombeere (f)	['bʀɔm‚beːʀə]	amora silvestre (f)
Brot (n)	[bʀoːt]	pão (m)
Buchweizen (m)	['buːχ‚vaɪtsən]	trigo-sarraceno (m)
Butter (f)	['bʊtə]	manteiga (f)
Buttercreme (f)	['bʊtə‚kʀɛːm]	creme (m)

Cappuccino (m)	[ˌkapʊ'tʃiːno]	cappuccino (m)
Champagner (m)	[ʃam'panjɐ]	champanhe (m)
Cocktail (m)	['kɔktɛɪl]	coquetel (m)
Dattel (f)	['datəl]	tâmara (f)
Diät (f)	[di'ɛːt]	dieta (f)
Dill (m)	[dɪl]	funcho, endro (m)
Dorsch (m)	[dɔʁʃ]	bacalhau (m)
Dosenöffner (m)	['doːzən‚ʔœfnɐ]	abre-latas (m)
Dunkelbier (n)	['dʊŋkəlˌbiːɐ]	cerveja (m) preta
Ei (n)	[aɪ]	ovo (m)
Eier (pl)	['aɪɐ]	ovos (m pl)
Eigelb (n)	['aɪgɛlp]	gema (f) do ovo
Eis (n)	[aɪs]	gelo (m)
Eis (n)	[aɪs]	gelado (m)
Eiweiß (n)	['aɪvaɪs]	clara (f) do ovo
Ente (f)	['ɛntə]	pato (m)
Erbse (f)	['ɛʁpsə]	ervilha (f)
Erdbeere (f)	['eːɐtˌbeːʀə]	morango (m)
Erdnuss (f)	['eːɐtˌnʊs]	amendoim (m)
Erfrischungsgetränk (n)	[ɛɐ'fʀɪʃʊŋs·gəˌtʀɛŋk]	refresco (m)
essbarer Pilz (m)	['ɛsbaːʀɐ pɪlts]	cogumelo (m) comestível
Essen (n)	['ɛsən]	comida (f)
Essig (m)	['ɛsɪç]	vinagre (m)
Esslöffel (m)	['ɛsˌlœfəl]	colher (f) de sopa
Füllung (f)	['fʏlʊŋ]	recheio (m)
Feige (f)	['faɪgə]	figo (m)
Fett (n)	[fɛt]	gorduras (f pl)
Fisch (m)	[fɪʃ]	peixe (m)
Flaschenöffner (m)	['flaʃən‚ʔœfnɐ]	abridor (m) de garrafas
Fleisch (n)	[flaɪʃ]	carne (f)
Fliegenpilz (m)	['fliːgənˌpɪlts]	agário-das-moscas (m)
Forelle (f)	[ˌfo'ʀɛlə]	truta (f)
Früchte (pl)	['fʀʏçtə]	frutas (f pl)
Frühstück (n)	['fʀyːʃtʏk]	pequeno-almoço (m)
frisch gepresster Saft (m)	[fʀɪʃ gə'pʀɛstə zaft]	sumo (m) fresco
Frucht (f)	[fʀʊχt]	fruta (f)
Gabel (f)	[ga:bəl]	garfo (m)
Gans (f)	[gans]	ganso (m)
Garnele (f)	[gaʁ'neːlə]	camarão (m)
gebraten	[gə'bʀaːtən]	frito
gekocht	[gə'kɔχt]	cozido
Gemüse (n)	[gə'myːzə]	legumes (m pl)
geräuchert	[gə'ʀɔɪçɐt]	fumado
Gericht (n)	[gə'ʀɪçt]	prato (m)
Gerste (f)	['gɛʁstə]	cevada (f)
Geschmack (m)	[gə'ʃmak]	sabor, gosto (m)
Getreide (n)	[gə'tʀaɪdə]	grão (m)
Getreidepflanzen (pl)	[gə'tʀaɪdəˌpflantsən]	cereais (m pl)
getrocknet	[gə'tʀɔknət]	seco
Gewürz (n)	[gə'vʏʁts]	condimento (m)
Giftpilz (m)	['gɪftˌpɪlts]	cogumelo (m) venenoso
Gin (m)	[dʒɪn]	gim (m)

Grüner Knollenblätterpilz (m)	['gʀy:nɐ 'knɔlən·blɛtɐˌpɪlts]	cicuta (f) verde
grüner Tee (m)	['gʀy:nɐ te:]	chá (m) verde
grünes Gemüse (pl)	['gʀy:nəs gə'my:zə]	verduras (f pl)
Grütze (f)	['gʀʏtsə]	grãos (m pl) de cereais
Granatapfel (m)	[gʀa'na:tˌʔapfəl]	romã (f)
Grapefruit (f)	['gʀɛɪpˌfʀu:t]	toranja (f)
Gurke (f)	['gʊʀkə]	pepino (m)
Guten Appetit!	[ˌgutən ˌʔapə'ti:t]	Bom apetite!
Hühnerfleisch (n)	['hy:nɐˌflaɪʃ]	galinha (f)
Hackfleisch (n)	['hakˌflaɪʃ]	carne (f) moída
Hafer (m)	['ha:fɐ]	aveia (f)
Haferflocken (pl)	['ha:fɐˌflɔkən]	flocos (m pl) de milho
Hai (m)	[haɪ]	tubarão (m)
Hamburger (m)	['hamˌbʊʀgɐ]	hambúrguer (m)
Hammelfleisch (n)	['haməlˌflaɪʃ]	carne (f) de carneiro
Haselnuss (f)	['ha:zəlˌnʊs]	avelã (f)
Hecht (m)	[hɛçt]	lúcio (m)
heiß	[haɪs]	quente
Heidelbeere (f)	['haɪdəlˌbe:ʀə]	mirtilo (m)
Heilbutt (m)	['haɪlbʊt]	halibute (m)
Helles (n)	['hɛlɛs]	cerveja (f) clara
Hering (m)	['he:ʀɪŋ]	arenque (m)
Herzkirsche (f)	['hɛʀtsˌkɪʀʃə]	cereja (f)
Himbeere (f)	['hɪmˌbe:ʀə]	framboesa (f)
Hirse (f)	['hɪʀzə]	milho-miúdo (m)
Honig (m)	['ho:nɪç]	mel (m)
Ingwer (m)	['ɪŋvɐ]	gengibre (m)
Joghurt (m, f)	['jo:gʊʀt]	iogurte (m)
Käse (m)	['kɛ:zə]	queijo (m)
Küche (f)	['kʏçə]	cozinha (f)
Kümmel (m)	['kʏməl]	cominho (m)
Kürbis (m)	['kʏʀbɪs]	abóbora (f)
Kaffee (m)	['kafe]	café (m)
Kalbfleisch (n)	['kalpˌflaɪʃ]	carne (f) de vitela
Kalmar (m)	['kalmaʀ]	lula (f)
Kalorie (f)	[kalo'ʀi:]	caloria (f)
kalt	[kalt]	frio
Kaninchenfleisch (n)	[ka'ni:nçənˌflaɪʃ]	carne (f) de coelho
Karotte (f)	[ka'ʀɔtə]	cenoura (f)
Karpfen (m)	['kaʀpfən]	carpa (f)
Kartoffel (f)	[kaʀ'tɔfəl]	batata (f)
Kartoffelpüree (n)	[kaʀ'tɔfəl·pyˌʀe:]	puré (m) de batata
Kaugummi (m, n)	['kaʊˌgʊmi]	pastilha (f) elástica
Kaviar (m)	['ka:vɪaʀ]	caviar (m)
Keks (m, n)	[ke:ks]	bolacha (f)
Kellner (m)	['kɛlnɐ]	empregado (m) de mesa
Kellnerin (f)	['kɛlnəʀɪn]	empregada (f) de mesa
Kiwi, Kiwifrucht (f)	['ki:vi], ['ki:viˌfʀʊxt]	kiwi (m)
Knoblauch (m)	['kno:pˌlaʊx]	alho (m)
Kognak (m)	['kɔnjak]	conhaque (m)
Kohl (m)	[ko:l]	couve (f)

Kohlenhydrat (n)	['koːlənhyˌdʀaːt]	hidratos (m pl) de carbono
Kokosnuss (f)	['koːkɔsˌnʊs]	coco (m)
Kondensmilch (f)	[kɔn'dɛnsˌmɪlç]	leite (m) condensado
Konditorwaren (pl)	[kɔn'ditoːɐˌvaːʀən]	pastelaria (f)
Konfitüre (f)	[ˌkɔnfi'tyːʀə]	doce (m)
Konserven (pl)	[kɔn'zɛʀvən]	conservas (f pl)
Kopf Salat (m)	[kɔpf za'laːt]	alface (f)
Koriander (m)	[ko'ʀɪandɐ]	coentro (m)
Korkenzieher (m)	['kɔʀkənˌtsiːɐ]	saca-rolhas (m)
Krümel (m)	['kʀyːməl]	migalha (f)
Krabbe (f)	['kʀabə]	caranguejo (m)
Krebstiere (pl)	['kʀeːpsˌtiːʀə]	crustáceos (m pl)
Kuchen (m)	['kuːχən]	tarte (f)
Löffel (m)	['lœfəl]	colher (f)
Lachs (m)	[laks]	salmão (m)
Languste (f)	[laŋ'gʊstə]	lagosta (f)
Leber (f)	['leːbɐ]	iscas (f pl)
lecker	['lɛkɐ]	gostoso
Likör (m)	[li'køːɐ]	licor (m)
Limonade (f)	[limo'naːdə]	limonada (f)
Linse (f)	['lɪnzə]	lentilha (f)
Lorbeerblatt (n)	['lɔʀbeːɐˌblat]	folhas (f pl) de louro
Mais (m)	['maɪs]	milho (m)
Mais (m)	['maɪs]	milho (m)
Makrele (f)	[ma'kʀeːlə]	cavala (m), sarda (f)
Mandarine (f)	[ˌmanda'ʀiːnə]	tangerina (f)
Mandel (f)	['mandəl]	amêndoa (f)
Mango (f)	['maŋgo]	manga (f)
Margarine (f)	[maʀga'ʀiːnə]	margarina (f)
mariniert	[maʀi'niːɐt]	em vinagre
Marmelade (f)	[ˌmaʀmə'laːdə]	doce (m)
Marmelade (f)	[ˌmaʀmə'laːdə]	geleia (f) de frutas
Mayonnaise (f)	[majo'nɛːzə]	maionese (f)
Meeresfrüchte (pl)	['meːʀəsˌfʀʏçtə]	marisco (m)
Meerrettich (m)	['meːɐˌʀɛtɪç]	raiz-forte (f)
Mehl (n)	[meːl]	farinha (f)
Melone (f)	[me'loːnə]	meloa (f), melão (m)
Messer (n)	['mɛsɐ]	faca (f)
Milch (f)	[mɪlç]	leite (m)
Milchcocktail (m)	['mɪlçˌkɔktɛɪl]	batido (m) de leite
Milchkaffee (m)	['mɪlç·kaˌfeː]	café (m) com leite
Mineralwasser (n)	[mine'ʀaːlˌvasɐ]	água (f) mineral
mit Eis	[mɪt aɪs]	com gelo
mit Gas	[mɪt gaːs]	com gás
mit Kohlensäure	[mɪt 'koːlənˌzɔɪʀə]	gaseificada
Mittagessen (n)	['mɪtaːkˌʔɛsən]	almoço (m)
Moosbeere (f)	['moːsˌbeːʀə]	oxicoco (m)
Morchel (f)	['mɔʀçəl]	morchela (f)
Nachtisch (m)	['naːχˌtɪʃ]	sobremesa (f)
Nelke (f)	['nɛlkə]	cravo (m)
Nudeln (pl)	['nuːdəln]	talharim (m)
Oliven (pl)	[o'liːvən]	azeitonas (f pl)

Olivenöl (n)	[o'li:vən,ʔøːl]	azeite (m)
Omelett (n)	[ɔm'lɛt]	omelete (f)
Orangensaft (m)	[o'ʀaːŋʒən,zaft]	sumo (m) de laranja
Papaya (f)	[paˈpaːja]	papaia (f), mamão (m)
Paprika (m)	['papʀika]	pimentão (m)
Paprika (m)	['papʀika]	páprica (f)
Pastete (f)	[pasˈteːtə]	patê (m)
Petersilie (f)	[peteˈziːlɪə]	salsa (f)
Pfefferling (m)	['pfɛfelɪŋ]	cantarelo (m)
Pfirsich (m)	['pfɪʀzɪç]	pêssego (m)
Pflanzenöl (n)	['pflantsən,ʔøːl]	óleo (m)
Pflaume (f)	['pflaʊmə]	ameixa (f)
Pilz (m)	[pɪlts]	cogumelo (m)
Pistazien (pl)	[pɪsˈtaːtsɪən]	pistáchios (m pl)
Pizza (f)	['pɪtsa]	pizza (f)
Portion (f)	[pɔʀˈtsjoːn]	porção (f)
Preiselbeere (f)	['pʀaɪzəl,beːʀə]	arando (m) vermelho
Protein (n)	[pʀoteˈiːn]	proteínas (f pl)
Pudding (m)	['pʊdɪŋ]	pudim (m)
Pulverkaffee (m)	['pʊlfe,kafe]	café (m) solúvel
Pute (f)	['puːtə]	peru (m)
Räucherschinken (m)	['ʀɔɪçeˌʃɪŋkən]	presunto (m)
Rübe (f)	['ʀyːbə]	nabo (m)
Radieschen (n)	[ʀaˈdiːsçən]	rabanete (m)
Rechnung (f)	['ʀɛçnʊŋ]	conta (f)
Reis (m)	[ʀaɪs]	arroz (m)
Rezept (n)	[ʀeˈtsɛpt]	receita (f)
Rindfleisch (n)	['ʀɪntˌflaɪʃ]	carne (f) de vaca
Roggen (m)	['ʀɔgən]	centeio (m)
Rosenkohl (m)	['ʀoːzən,koːl]	couve-de-bruxelas (f)
Rosinen (pl)	[ʀoˈziːnən]	uvas (f pl) passas
rote Johannisbeere (f)	['ʀoːtə joːˈhanɪsbeːʀə]	groselha (f) vermelha
roter Pfeffer (m)	['ʀoːte 'pfɛfe]	pimenta (f) vermelha
Rotkappe (f)	['ʀoːt,kapə]	boleto (m) áspero
Rotwein (m)	['ʀoːt,vaɪn]	vinho (m) tinto
Rum (m)	[ʀʊm]	rum (m)
süß	[zyːs]	doce, açucarado
Safran (m)	['zafʀan]	açafrão (m)
Saft (m)	[zaft]	sumo (m)
Sahne (f)	['zaːnə]	nata (f) do leite
Salat (m)	[zaˈlaːt]	salada (f)
Salz (n)	[zalts]	sal (m)
salzig	['zaltsɪç]	salgado
Sardine (f)	[zaʀˈdiːnə]	sardinha (f)
Sauerkirsche (f)	['zaʊe,kɪʀʃə]	ginja (f)
saure Sahne (f)	['zaʊʀe 'zaːnə]	creme (m) azedo
Schale (f)	['ʃaːlə]	casca (f)
Scheibchen (n)	['ʃaɪpçən]	fatia (f)
Schinken (m)	['ʃɪŋkən]	fiambre (f)
Schinkenspeck (m)	['ʃɪŋkənʃpɛk]	bacon (m)
Schokolade (f)	[ʃokoˈlaːdə]	chocolate (m)
Schokoladen-	[ʃokoˈlaːdən]	de chocolate

Scholle (f)	['ʃɔlə]	solha (f)
schwarze Johannisbeere (f)	['ʃvaʁtsə joː'hanɪsbeːʁə]	groselha (f) preta
schwarzer Kaffee (m)	['ʃvaʁtsə 'kafe]	café (m) puro
schwarzer Pfeffer (m)	['ʃvaʁtsə 'pfɛfə]	pimenta (f) preta
schwarzer Tee (m)	['ʃvaʁtsə 'teː]	chá (m) preto
Schweinefleisch (n)	['ʃvaɪnəˌflaɪʃ]	carne (f) de porco
Sellerie (m)	['zɛləʁi]	aipo (m)
Senf (m)	[zɛnf]	mostarda (f)
Sesam (m)	['zeːzam]	sésamo (m)
Soße (f)	['zoːsə]	molho (m)
Sojabohne (f)	['zoːjaˌboːnə]	soja (f)
Sonnenblumenöl (n)	['zɔnənbluːmənˌʔøːl]	óleo (m) de girassol
Spaghetti (pl)	[ʃpa'gɛti]	espaguete (m)
Spargel (m)	['ʃpaʁgəl]	espargo (m)
Speisekarte (f)	['ʃpaɪzəˌkaʁtə]	ementa (f)
Spiegelei (n)	['ʃpiːgəlˌʔaɪ]	ovos (m pl) estrelados
Spinat (m)	[ʃpi'naːt]	espinafre (m)
Spirituosen (pl)	[ʃpiʁi'tuːozən]	bebidas (f pl) alcoólicas
Störfleisch (n)	['ʃtøːeˌflaɪʃ]	esturjão (m)
Stück (n)	[ʃtʏk]	bocado, pedaço (m)
Stachelbeere (f)	['ʃtaχəlˌbeːʁə]	groselha (f) espinhosa
Steinpilz (m)	['ʃtaɪnˌpɪlts]	cepe-de-bordéus (m)
still	[ʃtɪl]	sem gás
Suppe (f)	['zʊpə]	sopa (f)
Täubling (m)	['tɔyplɪŋ]	rússula (f)
Törtchen (n)	['tœʁtçən]	bolo (m)
Tasse (f)	['tasə]	chávena (f)
Tee (m)	[teː]	chá (m)
Teelöffel (m)	['teːˌlœfəl]	colher (f) de chá
Teigwaren (pl)	['taɪkˌvaːʁən]	massas (f pl)
Teller (m)	['tɛlə]	prato (m)
tiefgekühlt	['tiːfgəˌkyːlt]	congelado
Tomate (f)	[to'maːtə]	tomate (m)
Tomatensaft (m)	[to'maːtənˌzaft]	sumo (m) de tomate
Torte (f)	['toʁtə]	bolo (m) de aniversário
Trinkgeld (n)	['tʁɪŋkˌgɛlt]	gorjeta (f)
Trinkwasser (n)	['tʁɪŋkˌvasə]	água (f) potável
Tunfisch (m)	['tuːnfɪʃ]	atum (m)
Untertasse (f)	['ʊntəˌtasə]	pires (m)
Vegetarier (m)	[vege'taːʁiɛ]	vegetariano (m)
vegetarisch	[vege'taːʁɪʃ]	vegetariano
Vitamin (n)	[vita'miːn]	vitamina (f)
Vorspeise (f)	['foːɐˌʃpaɪzə]	entrada (f)
Würstchen (n)	['vʏʁstçən]	salsicha (f)
Würze (f)	['vʏʁtsə]	especiaria (f)
Waffeln (pl)	[vafəln]	waffle (m)
Walderdbeere (f)	['valtʔeːɐtˌbeːʁə]	morango-silvestre (m)
Walnuss (f)	['valˌnʊs]	noz (f)
Wasser (n)	['vasə]	água (f)
Wasserglas (n)	['vasəˌglaːs]	copo (m)
Wassermelone (f)	['vasəmeˌloːnə]	melancia (f)

weiße Bohne (f)	['vaɪsə 'boːnə]	feijão (m)
Weißwein (m)	['vaɪsˌvaɪn]	vinho (m) branco
Wein (m)	[vaɪn]	vinho (m)
Weinglas (n)	['vaɪnˌglaːs]	taça (m) de vinho
Weinkarte (f)	['vaɪnˌkaʁtə]	lista (f) de vinhos
Weintrauben (pl)	['vaɪnˌtʀaʊbən]	uva (f)
Weizen (m)	['vaɪtsən]	trigo (m)
Wels (m)	[vɛls]	siluro (m)
Wermut (m)	['veːɐmuːt]	vermute (m)
Whisky (m)	['vɪski]	uísque (m)
Wild (n)	[vɪlt]	caça (f)
Wodka (m)	['vɔtka]	vodca, vodka (f)
Wurst (f)	[vʊʁst]	chouriço (m)
Zahnstocher (m)	['tsaːnˌʃtɔχɐ]	palito (m)
Zander (m)	['tsandɐ]	zander (m)
Zimt (m)	[tsɪmt]	canela (f)
Zitrone (f)	[tsiˈtʀoːnə]	limão (m)
Zucchini (f)	[tsʊˈkiːni]	curgete (f)
Zucker (m)	['tsʊkɐ]	açúcar (m)
Zuckerrübe (f)	['tsʊkɐˌʀyːbə]	beterraba (f)
Zunge (f)	['tsʊŋə]	língua (f)
Zwiebel (f)	['tsviːbəl]	cebola (f)